やりたいことが絶対見つかる 神ふせん

坂下仁
Jin Sakashita

ダイヤモンド社

「やりたいことが
見つからない
どうすればいいの」

「やりたいこと」が見つからない人は、
あるころを
“ずーーっと”
続けています。

今もそうだと思いますが、
〝頭の中〟で
考えていませんか？

それ、ダメなんです！

「やりたいこと」を見つけるには、
言語化して、見える状態で
整理する環境が必要です！

ですから「書く」が正解！

では、何に書けばいいのか？
「ノート」や「パソコン」、「スマホ」はNG！

「ふせん」に書けば、
すべて解決してくれます！

そうです！
ふせんによる3つの「型」と
5つの「特色」で
あなたの人生、
180度、変わります！

「書く」「貼る」「並べ替える」の

3つの「型」で、脳の潜在意識が覚醒します！

「どこにでも貼れる」
「貼り替えられる」
「捨てやすい」「小さい」
「紙面がむき出し」の

5つの特色が「最短」「最少」「省エネ」の
超効率的な仕組みを可能にしました。

だからこそ、ふせんは、
潜在意識をコントロール下に起き、
神のような潜在能力を利用できる、

人類史上最も
最強のアイテム

なのです。

「やりたいこと」が見つかると、

夢や願望がかない、

あらゆる悩みが

解消します！

夢や願望を自分のためにではなく、
誰かのために尽くすことで、

お金や**環境**を**手に入れる**

ことができるのです。

人生、後悔している暇はありません。

あなたの人生は、

1日1枚
ふせんを書く

瞬間から、
始まるのです!

はじめに

自分で自分をあきらめない！「やりたいこと」で夢をかなえる

いま、やりたいことをやっているという人はどれくらい、日本にいるのでしょうか？

やりたいことが見つからないという人もいるでしょう。夢やビジョンを持てずに、やらされ感満載で、なんとなく時間を過ごしている人も多いかもしれません。

いや、かつてはあったはずです。夢や希望にあふれていたあの頃。社会の仕組みやルールにとらわれ、自分で自分をあきらめていませんか。

本書の目的は、頭の中にある「やりたいこと」を見つけること。そうすると「やりたいこと」で夢がかないます。

私は副業として、副業について教えるセミナーを2014年に始め、お金のソムリエ協会を立ち上げました。これまで6000名以上が学んでいます。ところがすぐに、受講生の最大の悩みは、**「やりたい副業」が何かわからない**ことだと気づきました。

そこで急遽、「やりたい副業」を見つけるために、「やりたいこと」が見つかるセミナーを開始。それにより、**ほぼ全員が「やりたいこと」を見つけられた**のです。

そこで使ったのが**「ふせん」**でした。

ふせんを使えば、「やりたいこと」が必ず見つかります。

シールやふせんを〝ペタッ！〟と貼ったとき、なんだか楽しくて、ワクワク・ウキウキした経験はありませんか。

ふせんが人生を劇的に変える秘密が〝そこ〟に隠されています。**シール遊びのようにふせんを貼るだけで、ドーパミンがドバドバあふれ出て、頭がさえわたる**からです。本書では、1日1枚からのスタートを推奨していますが、書き出すと止まりません。

思考の整理・検索はスムーズになるし、並べ替えるだけで編集も一発です。相乗効果で記憶力もアップ。どうりで東大生が、ふせんで勉強するわけです。

やることは、「書いて」「貼って」「並べ替える」の３つ。それだけでミッションの９割、達成です。

紙面が小さく縁取られているので、神社の絵馬や七夕の短冊と同じ効果も生まれます。願い事や探しものを書けば、必要な情報がやたら目につくようになり、探し求めていた答えが次々と舞い降りてくるのです。それこそが、脳が活発に活動し始めた証拠です。

心底「やりたいこと」など、一番大切なものはインターネットを探しても見つかりません。**大切なものは、自分の脳内か、眼の前に広がるリアルな空間にしか存在していないから**です。

脳の大半は潜在意識の領域です。それゆえ潜在意識を味方にできれば、心底「やりたいこと」のもとになる考えが「見える化」されます。そのための検索窓が、「ふせん」なのです。

「やりたいこと」が人生の目的になると、脳が勝手に動き始める

ふせんの威力を知ったきっかけは、個人情報保護法の全面施行でした。

私はパソコンおたくで、メモもスケジュールもすべてデジタル化して、職場のパソコンと同期（データ共有）しながら仕事を回していました。

ところが社の方針で、データ共有は一夜にしてご法度になってしまいました。仕方なく、ブロックメモで急場をしのぐことに。商談メモはミシン目で切り離して会社に保管したので、メモ帳本体を失くしても情報漏洩は起きません。

それと引き換えに、数百枚のメモが机の引き出しの中で散乱。メモがバラバラになったせいで記憶も注意力も散漫になり、思考もバラバラになって仕事に支障が出始めたのです。

そこで、ブロックメモの代わりに、ふせんをメモ帳代わりに使ってみました。糊《のり》がつ

いているので、メモ済みのふせんはノートに貼れます。

その途端に、思考が散乱しなくなりました。それどころか、見える化された思考が広いノート上で整然と並び、ページをパラパラめくりながら一覧できるようになったのです。

しかも、思考がクリアになり、仕事がはかどり始めたのです。潜在意識を使いこなせるようになったからです。


効果はすぐに業績として表れ、ほどなくして、本部の企画部門に栄転できました。

それよりもっと驚いたのは、**「やりたいこと」が見つかったこと**です。

「やりたいこと」をできることがこんなに楽しいなんて、無邪気に遊び回っていた子どもの頃以来の経験でした。しかも、子どもの頃の遊びと違って、**「やりたいこと」はわが家の財布にお金をもたらした**のです。


私と同様に、セミナー受講生にも変化が起こり始めました。副収入が本業を上回る人や独立する人が、短期間で数十人規模で現れ始めたのです。

私は、起業独立するメソッドを一切教えていません。「やりたいこと」の見つけ方と副業の方法しか教えてこなかったのに、なぜ、続出したのか。

それは**「やりたいこと」を見つけると同時に、「人生の目的」も見つけた**からです。

「やりたいこと=人生の目的」になると、人生はそっちに向かって、ひとりでに動き始めます。人生にパラダイム・シフトが起こるのです。

3つの「型」で人生は激変する！

「書く」「貼る」「並べ替える」――やることは、この3つの「型」だけ。これだけなので、誰でも直感的に扱えます。**準備は必要ですが、努力は不要だ**ということ。人生が激変するのですから、ふせん恐るべしです。

そこで序章では、**「やりたいこと=人生の目的」を見つけるテッパンの公式を伝授します**。この公式に当てはまる2つのキーワードが見つかれば、人生が変わります。そして、**ふせんこそが、人生が変わるための最強のツール**だったのです。これまで解明されていなかったふせんの5つの特色と活用法がわかります。

続く第1章では、**ふせんに「書く」コツを学びます**。手始めに、願望や悩みを言葉にする練習をします。神社の絵馬や七夕の短冊に書くようなものなので、簡単です。ふせんに書いた途端に、潜在意識とのコンタクトが始まります。その結果、気づかなかった情報や見えなかった「考え」にアクセスできるようになります。ふせんの5つの特色のおかげで、「考え」を難なくアウトプットできるようになり、理解力が底上げされてインプットもスムーズになります。

第2章では、**ふせんを「貼る」コツを学びます**。貼ることで「考え」がノートの上に物理的に関連付けされて、脳内でも「考え」が整理されて記憶にしみこみます。

また、貼ることにより、見える化された「考え」が徐々に蓄積されるので、自分のポジティブな思考がデッサンされて、本当の自分を見つけられます。

第3章では、**ふせんを「並べ替える」コツを学びます**。ふせんマンダラなど世界一簡単なフレームワーク（分析・思考の枠組み）を使うので、「やりたいこと＝人生の目的」を一発で抽出できます。

第4章では、**一覧表の中から「やりたいこと」を選択**し、第5章では、**「未来予想図」をデッサンした「ラフ絵」を描きます**。

終章では、仕事や趣味をずらすだけで、自分では気づいていない世の中に役立つすごいモノがわかります。それが「やりたいこと」につながり始めると、面白い人生が訪れますよ。

自分だけのオリジナルなストーリーができあがれば、**未来は思い描いた通りに、活き活きと動き始める**のです。

さぁ、人生一度きり。私たちみたいに「やりたいこと」を見つけて、子どもの頃のようなワクワク・ウキウキした毎日を過ごしませんか。

やりたいことが絶対見つかる神ふせん——目次

第1章 ふせんで「考え」を言語化する

第2章 ふせんで「自分探し」をする

第3章 ふせんで「考え」を熟成させる

第4章 ふせんで見つかった「やりたいこと」でお金を稼ぐ

第5章 ふせんで自分の人生が思い通りになる

序章

ふせんを使えば、人生が180度好転する！

「やりたいこと」が見つかる最適なツール

今やっている活動やお仕事は、心底「やりたいこと」ですか。
「わが人生に悔いなし！」と思えることを今、やっていますか。
毎日が楽しくて、誰かのために役に立っている感じはしますか。

素直にうなずけないなら、今の活動やお仕事は、心底「やりたいこと」ではありません。

コーネル大学の心理学教授トーマス・ギロビッチの研究によると、**ヒトは「したこと」よりも「しなかったこと」に対して、より大きな後悔を感じる**そうです。

また、緩和ケアの介護で数多くの患者を看取ってきたブロニー・ウェアによると、**死ぬ瞬間の後悔の第1位は、「自分に正直な人生を生きればよかった」**です。

死ぬ間際に気づいて、やらなかったことを後悔するなんて、悲しすぎますよね。

人生の最後に「やりたいこと」を見つけても遅すぎます。**「やりたいこと」をやり始めてからが「本当の自分の人生」**だからです。

「やりたいこと」は必ずあります。気づかずに、素通りしているだけです。

では、どうすれば、やりたいことに気づけるのか。

今すぐ、ふせんを使うことです。

ほとんどの人は、「やりたいこと」を自分の頭の中で考えますが、どんなに考えても普通は見つかりません。見つけられるのは、運のいい人か、天才だけです。

それよりもふせんを使うのが手っ取り早い。**ふせんは、ノートや手帳、パソコンなどの長所をいいとこ取りしたツール**だからです。

「アナログ」と「デジタル」をいいとこ取りした最強アイテム

必要な情報は、インターネット上ですぐに見つけられます。

一方、「やりたいこと」は、どんなに検索しても見つかりません。**「やりたいこと」は、自分の脳内にしか存在しない**からです。

検索すべき場所は自分の脳内であってネット上ではないということ。だからといって、考えて考えて考えて考え抜いて脳内を探してもなかなか見つかりません。**思考は目に見えないし、メモしないと忘れてしまうもの**だからです。

脳内を探して自分の「考え」を見える化し、「考え」を次から次へと展開できるのは、紙やホワイトボードなどのアナログのツールをおいて他にありません。紙やホワイトボードに書きながら、脳内の「考え」を言葉にしながら整理する人は、理にかなったやり方だったのです。

「書く」と、「黙考」よりもはるかにすばやく、多くの「考え」を言葉にできる。**言葉にされた「考え」を見ながら考えられるので、頭が整理されて次の思考へと無理なくつながる**のです。

暗算よりも筆算のほうが圧倒的に速く正確に計算できますが、それと同じ。書いて言葉にするか否かの違いで、自転車と徒歩くらいの差が生まれるのです。

では、なぜノートや手帳ではなく、ふせんを使うのか。

ふせんを使えば、脳裏に隠れた「考え」がパッと浮かぶからです。瞬時のひらめきを逃しません。しかもふせんは、デジタルツールの最大の長所を兼ね備えている。**アナログとデジタルの長所をいいとこ取りした最強アイテム**だからです。

ノートや手帳、ホワイトボードの場合、書いたあとに内容を修正・編集したければ、消して書き直すしかありません。パソコンのようにカット＆ペーストで編集することができないからです。

ところが**ふせんは、アナログなのに、並べ替えや編集が瞬時にできる**。それゆえに、一部のコンサルティングファームや先進的な企業では、ホワイトボードに直接書くのではなく、ふせんに書いてホワイトボードに貼りながら議論を展開しています。議論しながら、そのふせんをグルーピングしたり、並べ替えたりするわけです。

私たち素人も同じ。ふせんに書いて「考え」を言葉にしたうえで（言語化）、ノートや机の上に貼って整理すれば、じっくり全体を眺めることができます。そして、**ふせん（言語化された「考え」）を並べ替えて編集するほうが、思考が圧倒的にスムーズになる**のです。

図1　アナログとデジタルとふせんの長所と短所

	アナログ	デジタル	ふせん
思考の整理に適している	◎	△	◎
思考を一覧できる	◎	△	◎
脳内を検索できる	○	△	◎
即メモできる	○	△	◎
脳にいい影響を与える	◎	×	◎
眼に優しい	◎	×	◎
書き損じやコストを気にせず使える	×	◎	◎
不要部分を一発で削除できる	×	◎	◎
並べ替えなど編集がしやすい	×	◎	◎
インターネットにつながる	×	◎	×

やることは「書く」「貼る」「並べ替える」の3つだけ

ふせんは、アナログとデジタルのいいとこ取りした優れものですが、使い方はいたって簡単。**やることは「書く」「貼る」「並べ替える」の3つだけ**です。

「やりたいこと」の答えは、どこにも書いてありません。一人ひとりの頭の中に、そのもとになる「考え」がちりばめられています。

そうした「考え」はノートでも手帳でも拾えますが、断片的なので理路整然と書き出すことが難しい。

これに対してふせんは、あとから貼り替えられるので、ランダムにひらめいた「考え」を、順番を気にせずに書き出せます。一通り書き出したあとで、貼りながら全体を見渡して、並べ替えればいいのです。

頭の中で考えている限り、それらの思考は目には見えません。しかも、メモしなければ片っ端から忘れていきます。目に見えなくて忘れやすいから難しい。そこで、考える過程を3つの「型」に分けて、思考を見える化しました（図2）。

「書く」ときは**「言語化」**、「貼る」ときは**「整理」**、「並べ替える」ときは**「編集」**に専念します。

目に見えない「言語化」「整理」「編集」という思考を、「書く」「貼る」「並べ替える」という目に見える「型」にすることで、順を追って考えられるようになります。

それだけではありません。今現在、どの思考を行なっているのかが一目でわかります。

書いているときは、**「私は今、自分の考えを言葉に変換する思考をしている」**。
貼っているときは、**「私は今、自分の考えを整理する思考をしている」**。
並べ替えているときは、**「私は今、自分の考えを編集する思考をしている」**。

図2　3つの「型」で思考が変わる

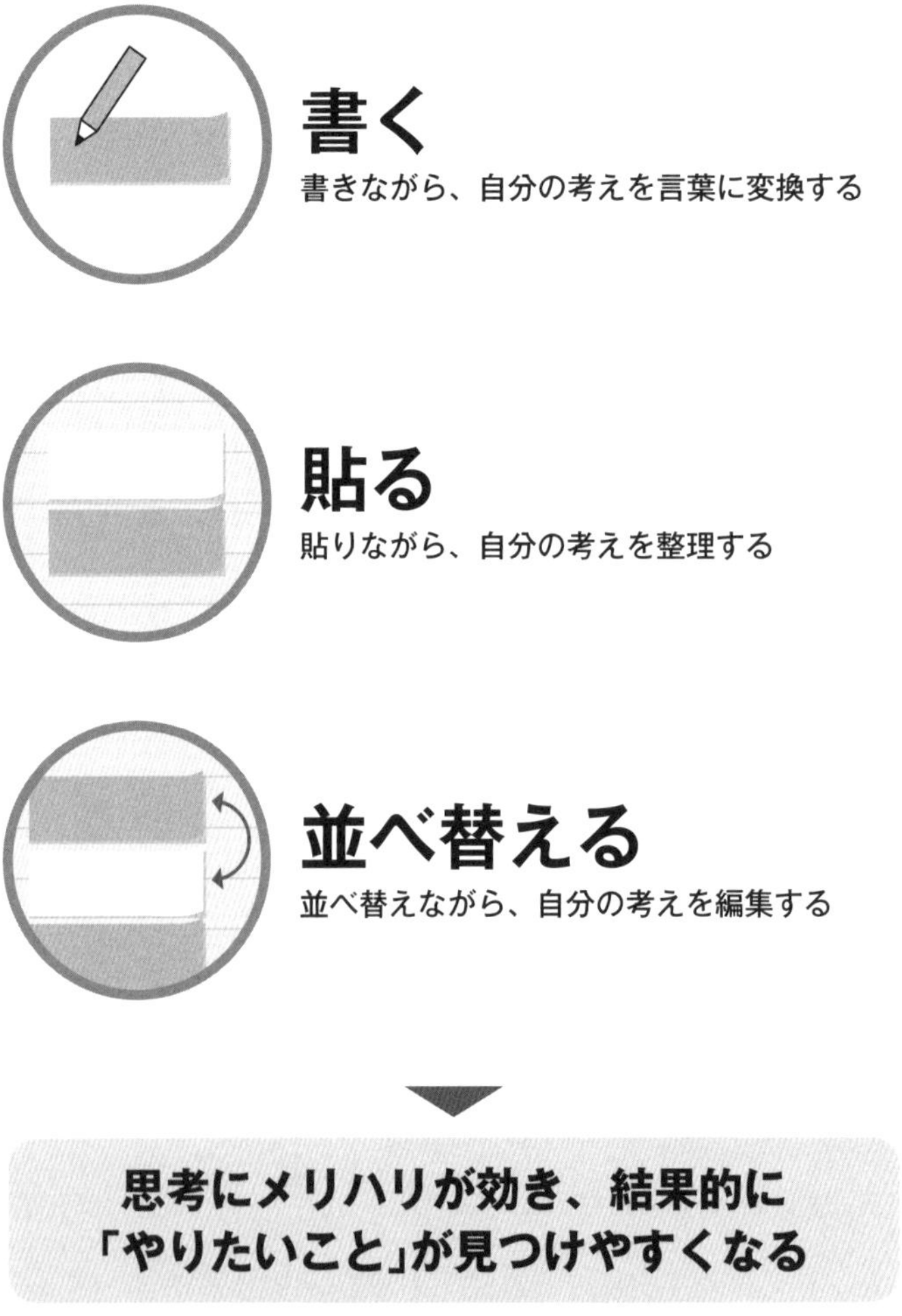
書く
書きながら、自分の考えを言葉に変換する
貼る
貼りながら、自分の考えを整理する
並べ替える
並べ替えながら、自分の考えを編集する
思考にメリハリが効き、結果的に
「やりたいこと」が見つけやすくなる

それぞれのステップに明確なコツもあります。それゆえに思考にメリハリが効いてくる。結果的に「やりたいこと」も見つけやすくなるのです。

「やりたいこと」とは、そもそも何なのか？

「やりたいこと」を見つける際に大切なことがあります。「やりたいこと」とは、「人生の目的」を実現するための手段にすぎません。

ですから、**まずは「人生の目的」を見つけることが先決**です。「人生の目的」さえ見つかれば、「やりたいこと」も自然に見つかります。

自分がなぜ、この世に生まれてきたのか。この問いに答えられる人は、「やりたいこと」に気づいています。

でも、即答できる人は、ほとんどいません。頭をひねったところで、すぐにわかるものでもありません。

「お金持ちになること」「健康に長生きすること」「趣味や旅行を楽しむこと」と答える人がいますが、いずれも「やりたいこと」ではなく、ただの願望です。

「やりたいこと」は確実にあります。あるのですが、ボヤッとしていて言葉になっていない。言葉になっていないから、自分でもよくわからないのです。

ところが、**ふせんを使えば、「やりたいこと」を言葉にできる。**慣れてくると、抽象的な言葉でも具体的な言葉でも表現できるようになります。さらには副次的効果で、抽象的な思考の展開も軽々とこなせるようになります。

ふせんを使うと、上位5％の思考が手に入る！

抽象的な思考ができる人を、頭のいい人と言います。クラスに1人か2人は、頭のいい人がいましたよね。世の中の上位5％は頭のいい人です。

意識には「顕在意識」と「潜在意識」の2種類がありますが、頭のいい人は、顕在意識と潜在意識の両方を上手に使いこなせます。

日頃私たちが認識できるのは顕在意識ですので、「顕在意識＝私」。私たちは常にあれこれと考えを巡らせていますが、あれこれ考えているのは顕在意識のほうです。

顕在意識は脳の活動の5％前後にすぎません（1～10％の範囲で諸説あり）。残りが潜在意識です。**潜在意識は、顕在意識の20倍の能力を秘めている**のです。

脳機能の大半を占める潜在意識は、無数の情報処理や動作を同時にこなします。しかし私たちは、その活動をほとんど認識できません。潜在意識は、その名の通り「潜って在る」ので、目に見えない思考なのです。

ふせんの力を借りれば、顕在意識と潜在意識のそれぞれのよさを上手に引き出せます。

自分がこれまで、どれだけ非効率で難しい思考をしてきたか、ご存じでしょうか。

レポートやブログを書くときを思い出してください。

どういう順番で書こうかと全体の「構成」を考えつつ、どういう切り口でネタにするかも頭の中で「整理」しながら、書く内容も同時並行で「言語化」してきませんでしたか。

1つだけでも大変なのに、3つの思考を同時にこなす難度の高い情報処理をしてきたわけです。精度が下がるので、最後に「編集」して整えるしかありません。

ふせんを使えば、「書く」「貼る」「並べ替える」の3つの「型」ごとに1つの思考をするので、脳のメモリを「言語化」「整理」「編集」のどれか1つだけに集中できます。

限られた脳のメモリを最大限に有効活用できるのです。

しかもふせんは、「とりあえず」書き始められます。書きたいことをいったん言語化して、それを手にとって「構成」を組み立てられるので、**思考そのものがラクになる**のです。

これにより「構成」という思考を、最後に行なう「編集」と一本化できるようになりました。考えるステップが1つ減るので、早く完成します。

書いたあとや貼ったあとは、潜在意識が情報や記憶を見つけてくれるし、並べ替えたあとは、最適解を見つけてくれます。

もちろん頭がいい人は、ふせんを使うまでもなく、顕在意識の強みと潜在意識の強みを上手に引き出せます。それゆえ凡人は、頭のいい人にはかないませんでした。

でも、**ふせんのおかげで、頭のいい人がやっている効率的な思考を、誰でも真似できる**ようになりました。

ふせんさえあれば、思考にメリハリが生まれ、顕在意識と潜在意識を効率的に使い分けられるので、頭のいい人に追いつけるわけです。

ふせんを使うだけで、「やりたいこと」が短期間で見つかる。さらに、脳機能を使いこなせて上位5％に仲間入りできる。結果的に仕事も家事も勉強も、はかどり始めるのです。

人生の目的＝自分の価値観×世の中のニーズ

「人生の目的」の見つけ方にもいろいろあるのですが、次の公式を使えば一発です。

人生の目的＝自分の価値観×世の中のニーズ

「自分の価値観」とは、正誤や善悪についての判断基準や好き嫌いのことです。

「世の中のニーズ」とは、世間やお客様の「誤」や「悪」の状態を「正」や「善」に改善することです。

したがって、**「人生の目的」とは、自分の気持ちに正直になって、困っている人を助けたり、願いを叶えたりするお手伝いをすること**。堅苦しく言えば、社会貢献を通じて自己実現することです。

社会貢献をボランティア活動と同一視する人もいますが、同じではありません。ボランティア活動は無料奉仕ですが、社会貢献はお金がもらえるからです。それゆえ、社会貢献は無理なくずっと続けられます。

貢献してニーズに応えれば、世間やお客様から喜ばれて感謝される。お金とは数値化された感謝の気持ちなので、結果的にお金をもらえるわけです。

松下幸之助さんや稲盛和夫さんなどの名経営者、一代で財を成した起業家は例外なく、

図3　人生の目的が見つかる公式

人生の目的＝
自分の価値観×世の中のニーズ

自分の価値観とは……

正誤や善悪についての判断基準や好き嫌いのこと

世の中のニーズとは……

世間やお客様の「誤」や「悪」の状態を
「正」や「善」に改善すること

▼

社会貢献を通じて自己実現することが
「人生の目的」となる

社会貢献を通じて自己実現してきました。経営者や起業家に限らず、名を成した人たちは自分の「人生の目的」が何かを自覚しています。夢・志・使命（ミッション）など、人によって表現方法は違いますが、言っていることはほぼ同じです。

彼らが「人生の目的」を自覚できたのは、もちろん天賦の才能があったからです。

でも、**ふせんを使えば、誰でも「人生の目的」を簡単に見つけられます。ふせんには、自分の正直な気持ちが表れる**からです。

「人生の目的」は1つだけではありません。たくさんあります。

しかも、あなたが成長すればするほど、新たなニーズに気づくようになるし、価値観も変化し続ける。すると、当然ですが「やりたいこと」もそれに合わせて変化していく。いずれどこかで方向を修正するのです。

ですから、だいたいの方角さえ合っていれば大丈夫です。飛行機が常に方向を修正しながら飛んでいくのと同じです。

あまり肩肘張らずに、気楽な感覚で見つけましょう。気楽に楽しく見つけられる道具として、ふせんほど、うってつけのアイテムはありません。

ふせんの5つの特色を活かす

ふせんには、**「どこにでも貼れる」「貼り替えられる」「捨てやすい」「小さい」「紙面がむき出し」**という、他の紙媒体には真似できない5つの特色があります（図4）。

また、ふせん特有の「書く」「貼る」「並べ替える」という3つの「型」で思考にメリハリが生まれ、顕在意識下での考えの「言語化」「整理」「編集」がスムーズになりました。それと同時に、潜在意識が思考の「検索」「熟成」を進めます。

アナログとデジタルをいいとこ取りできたのは、この5つの特色と3つの「型」のおかげです。その結果、とっさのひらめきを瞬時に言語化して、頭の中をスッキリ整理。思考そのものを手にとって編集できるようになりました。

図4　ふせんの5つの特色と得られる効果

特色	効果
①どこにでも貼れる (p54〜)	● 思考が無限に広がる ● 思考を俯瞰《ふかん》できる ● 思考を一覧できる ● 脳の能力があがる ● 記憶が強化される
②貼り替えられる (p58〜)	● 編集できる
③捨てやすい (p60〜)	● 書き漏れがなくなる ● 不要な情報・思考を捨てられる
④小さい (p62〜)	● 思考をとりあえず言語化できる ● 額縁効果で内容が引き立つ ● 額縁効果で潜在意識に直結する ● 情報をインプットしやすくなる ● 持ち歩きできる
⑤紙面がむき出し (p68〜)	● 即メモできる ● ひらめきを逃さない

ふせんのココがすごい！——①

「どこにでも貼れる」から思考全体を見渡せる

ふせんの特色の1つ目は**「どこにでも貼れる」**ことです。そのおかげで、ノートに貼ってパラパラとページをめくって一覧したり、ホワイトボードに貼って全体を見渡したりすることができます。

思考は突然、パッと思い浮かぶので、時と場所を選びません。気になるアレコレが前触れもなくチラリと頭をよぎっては、消えていきます。

ふせんを使うと、そんな気になる関心事に自分の意識を瞬間移動させて、いつでも、どこでも、気兼ねなく言語化できます。

ふせんは「どこにでも貼れる」ので、「考え」が浮かんだら、即メモ。思考スイッチを臨機応変に切り替えられるので、思考が無限に広がって思考の自由度が高まります。

ふせんほど、ヒトの脳の特性にマッチした思考ツールはないのです。

「どこにでも貼れる」ことから生まれるメリットは、思考の自由度だけではありません。どこにでも貼れるからこそ、貼る場所の強みをそのまま活かせます。

ホワイトボードや机の上などに貼れば、広い視野で全体を「俯瞰」できます。ノートに貼れば、パラパラめくりながら見開き2ページで「一覧」できます。

これにより、複数の思考や情報が縦横無尽に有機的につながるので、自分の価値観や世の中のニーズなどの大切な探しものが見つかりやすくなるのです。

子どものシール好きは理にかなっている

ふせんを貼ると、達成感が得られます。
達成感が得られると、脳内物質のドーパミンがドバッと出ます。
ドーパミンが出ると、ヒトはトキメキを感じて、脳の能力があがります。

子どもは皆、シールが大好き。子どもの頃を思い出してみてください。自分もシールが大好きだったのではありませんか。

鎌倉女子大学教授の小泉裕子《ゆうこ》さんによると、子どもがシール好きなのは達成感が得られるから。子どもにとっては、簡単に貼れるシールが、初めて自己実現を達成できるアイテムだそうです。

シールだけではありません。名前を書くラベルもそうですし、ふせんも同じこと。子どもは「貼る」アイテムが大好きなのです。それは、大人になっても変わりませんよね。ドーパミンが分泌されると、ヒトは「嬉しい」「楽しい」と感じます。

ドーパミンには情報処理能力や注意力、集中力をあげる働きがあります。精神科医の樺沢紫苑《かばさわしおん》さんによると、脳内物質を活用して脳を最適化すると能力が2倍になるそうです。貼るだけでも楽しいのに、能力までもが2倍になるなんてラッキーですよね。

記憶力もたちまち強化される

貼ることにより記憶そのものが強化されます。記憶は「理解→整理→記憶→反復」の4段階で強化されますが、ふせんに書かれた内容に応じて貼り分けることで必然的に「整理」されます。

情報を整理すると、**「関連付け」**されます。長期記憶は関連付けを好むので、長期記憶に残りやすくなるのです。

歴史の年号などを暗記する際に、語呂合わせで覚えましたね。語呂合わせはまさに関連付け。その他、場所やストーリーと関連付けて覚えるのも同じです。

そして、ふせんを貼るタイミングで、必ず1度は「反復」します。書かれた内容を確認しないと、どこに貼るかを決められないからです。必ず内容を確認して反復することになるので、記憶への定着が強化されるのです。

ふせんを「貼る」ことで「整理→記憶→反復」されますが、その前に、「書く」ことで「理解」もできているので、記憶を強化する4つのステップすべてが自動的に行なわれます。ゆえに最適ツールであり、最強アイテムなのです。

ふせんのココがすごい！──②

思考と一緒に「貼り替えられる」から、即座に「編集」できる

ふせんの特色の2つ目は**「貼り替えられる」**ことです。ふせんはどこにでも貼れるだ

けでなく、自由自在に貼り替えられます。**思考と一緒に「貼り替えられる」から、即座に「編集」できます**。

1枚1枚のふせんには、自分だけのオンリーワンの「考え」が書かれています。関連性のある「考え」を世界一簡単なフレームワークに貼り替えて、全体を見渡しながら手にとって並べ替えれば、「やりたいこと」を簡単に文章化できます。

ＡＩは文章生成が得意ですが、あなたの脳とはつながっていないので、「やりたいこと」を文章化してはくれません。

それに対して、ふせんは潜在意識とつながっているので、「やりたいこと」のパーツを「言語化」してくれます。貼り分けながら「整理」できます。カット&ペースト、デリートだってお手のもの。「編集」までのすべての過程を、パソコンの力を借りずにこなせるのです。本当にすごいことです。

ふせんのココがすごい！——③

「捨てやすい」から書き漏れがなくなる

ふせんの特色の3つ目は**「捨てやすい」**ことです。**捨てやすいおかげで些細なことでも気兼ねなく走り書きでき、「書き漏れがなくなる」効果が生まれます。**

ノートには、書く内容や順番を頭の中でしっかり整理して、ある程度全体のイメージが固まってから書き始めますよね。

そうこうして、考えを巡らせているうちに、結局は何も書けずじまいだったことが、結構あるのではないでしょうか。

また、ノートには、当たり前なことや些細なことは書きにくいもの。でも、**当たり前**

なことこそ、「やりたいこと」につながっています。だからこそ、気兼ねなく何でも気軽に書けるふせんが重宝します。

ふせんの単価はティッシュと同じくらいなので、ティッシュ感覚で気軽に使えるし、躊躇《ちゅうちょ》なく捨てられます。重要か否かや、情報をどこに保存するかの判断は、あとで貼る際に考えればいいし、あとになっていらないとわかれば、そのときに捨てればいいのです。

このように安くて捨てやすいおかげで、メモすべきか否かという余計な判断をしなくてすむので、片っ端からメモするようになります。メモを取る基準を決めずに、気になったことはすべてメモします。

これにより、「しまった！　メモしておけばよかった！」がなくなります。とりあえずスマホで撮って、いらない写真をあとから削除するのと同じです。

ふせんにとりあえず書いて、不要な情報や密度の薄い情報・思考はあとで捨てればいい。最終的に、良質な情報・思考しか残らないようになっているのです。

ふせんのココがすごい！ ④

「小さい」から思考を短く言葉にできる

ふせんの特色の４つ目は**「小さい」**ことです。小さいので「自分の考え」の見える化がしやすい。

１枚のふせんにはワンメッセージしか書きません。そのおかげで、脳の深淵から言葉や文章を紡ぎだすハードルが低くなります。

言葉や文章は、最初から頭の中にできあがった状態で存在しているわけではありません。霧のようにモヤモヤしたイメージがあって、そこから言葉や文章という目に見える形に変換していくわけです。

その際に思考の核となるのがふせん。**小さいから思考の核になって、言葉や文章にしやすくなる**のです。

もちろんノートでも、思考の核の役割を果たせます。でも、紙面が大きいと、ノートのどの場所に、どんな順番で、どのくらいの行数で、どんな表現で書けばいいのか迷ってしまい、ペンが止まります。悲しいかな、言葉にできなかった思考は忘れさられる運命をたどります。

これに対して**ふせんは、あれこれ悩まずに書き始められるので、とりあえず言葉にできる**のです。

額縁効果で、潜在意識とつながる

ふせんは小さなキャンバスといえます。ふせん自体が額縁を有しているようなものなので、書かれたワンメッセージがギュッと締まって、内容が引き立ちます。お寺の室内から日本庭園を眺める「額縁効果」と同じです。

額縁効果のおかげでメリハリがつき、書かれた内容が目にまっすぐ飛び込んでくる。すると、潜在意識と一瞬でつながります。

額縁効果のおかげで、ふせんは潜在意識の検索窓の役割をも果たすのです。

その結果、**必要な情報が目につくようになり、「やりたいこと」に関連した「考え」が次々と言葉にされ始めます**。

スマホやパソコンの検索窓では、そこまではできません。ネット検索したあとでリアル空間と比較すると、違いがよくわかります。

ネット上にある情報をもとに、実際に現地に行って実物を見たときに、あまりのギャップに衝撃を受けたことはありませんか。それは、スマホもパソコンも、ネットとしかつながっていないからです。ネットでは、匂いや湿度などの空気感、触れて感じる質感や奥行きなどを再現することもできません。しかもネットなどの情報空間は、フェイク情報やゴミ情報だらけです。

これに対して、リアルな現実の世界は本物です。それゆえ、プロ並みに上手に撮れている写真よりも、そこに行って五感で感じる景色のほうが圧倒的に美しくて感動します。自分の目で見たままや、自分の手で触った物こそが実物であり、本物なのです。脳内の思考も同じように本物です。そんな信頼できる本物を検索する方法は、五感をフル活用できる潜在意識以外にはありません。

潜在意識は非常に優秀です。私たちが気づかないうちに五感をフル稼働し、無数の情報処理を同時並行で行なってくれます。それゆえ**潜在意識につなげることで、心底「やりたいこと」に絡んだ情報や思考を見つけてくれる**のです。

効果的なインプットで理解が進む

紙面が「小さい」おかげで、自分の「考え」のアウトプットだけでなく、見聞きした情報のインプットも効果的に行なえます。

友達や同僚との会話、メディアで紹介されたことなど、日常生活の場には役に立ちそうな情報がたくさんあります。役に立ちそうな情報を見て「知らなかった！」と思うこと、「すごい！」「やばい！」と心が動くこと、一日に一度くらいはありませんか。

それらを書こうとしても、ふせんは紙面が小さいので、ダラダラと長い文章を書けません。コンパクトに要約せざるを得ない。

自分の言葉で要約すると理解が進み、効果的にインプットできます。「つまり、こういうことね」「言い換えればこうね」「こうすればいいのね」といったイメージです。

つまり必然的に、理解できてしまうわけです。

スマホやパソコンなどのデジタル機器はコピー&ペーストができるので、確かに便利です。でも、それだけでは理解できません。理解していなければ丸暗記と同じで全く役に立ちません。

ふせんに書いて、言い換えて要約して、自分の思考フィルターにくぐらせて初めて、使えるようになるのです。

脳の神経細胞やシナプスが次々と新しい回路を作るように、潜在意識レベルで情報や価値観や感性などが組み合わさって、「やりたいこと」というパズルのピースが生成されていきます。

大切にしたいのは、考え・感性・気持ち・感情・直感・第六感のように、自分の脳内から生まれた自分発の情報です。なぜなら、この世に1つだけのオンリーワンだからです。それなのに、最初は言葉になっておらず、そのせいですぐに消えてしまいます。

自分の頭の中にしか存在していないので、消えたら捜しようがありません。自分発の情報が生まれる潜在意識の領域は宇宙空間のように広いので、一度見失うと、そう簡単には見つけられません。

そんな背景から、「紙面がむき出し」という次の5つ目の特色が底力を発揮します。「紙面がむき出し」なおかげで、自分発のオンリーワンの思考をすべてもらさず捕獲できるようになります。

ふせんのココがすごい！⑤

「紙面がむき出し」だから、ひらめきを一瞬で捕えられる

ふせんの特色の5つ目は**「紙面がむき出し」**なことです。「紙面がむき出し」なので、めくらずに即メモできる。そのおかげで、**ふと思いついたひらめきを逃さずに捕えられる**のです。

ひらめきの多くは、願望の実現や悩みの解決、価値観や関心事など、「やりたいこと」に絡んだ自分オリジナルの「考え」です。だからこそ、一瞬のひらめきを逃さないふせんが不可欠なのです。

私たちが短期記憶に保持できる情報量はわずかです。一度に覚えておけるのは、せい

ぜい3つか4つ（マジカルナンバー）。車のナンバープレート、電話番号、郵便番号を見るとよくわかります。いずれも最大4桁で区切られていますし、3ブロック以内に収まっていますよね。それ以上増やすと覚えきれないからです。

覚えられる情報量だけでなく、覚えていられる時間も長くはありません。すぐに忘れます。忘れてしまうと、脳内で生まれた自分発の「考え」は簡単には見つかりません。

隣の部屋に物を取りに行ったのに、部屋に入ったときに何を取りに来たのか、忘れたという経験、ありませんか。

そこで、忘れないように「メモ」を取るわけです。もちろん、ノートや手帳、スマホなどでもメモはできますが、ふせんにこだわるのには理由があります。**ふせんが最も迅速にメモできるツール**だからです。

紙面が常に「むき出し」になっているので、めくらずにメモできる。「むき出し」だからこそ、タイムラグもなくとっさに書くことができ、思考という目に見えない情報を瞬時に形にできるのです。たかが1秒、されど1秒です。

ひらめきを逃さない即メモの秘訣

ひらめきは宝物です。でも、神出鬼没で、逃げ足が速い。自分発の情報の中で一番やっかいな思考も実は、ひらめきです。

ひらめきは生きています。刻々と姿を変えながら、猛スピードで動き回るので、すばやく捕えないと、逃げられます。「逃した魚は大きい」といいますが、逃さないためには書くスピードが命です。

だからこそ、**「考え」を「むき出し」のふせんに「即メモ」する。**誰かに見せるものではないので、言葉を選ぶ必要はありません。「てにをは」などは気にせずに、**なりふり構わず書くことが肝心**です。

ひらめきは、移動中や入浴中、トイレ中など、時と場所を選ばずに出没します。ひらめきが現れやすいそんな場所には、常にふせんを置いておきましょう。

私も、寝室には小型ＬＥＤライト付きのふせんパッド、お風呂にはフィルムふせんと鉛筆など、家中のいたるところに常備しています。

ふせんを使えば、誰でも「やりたいこと」が見つかる

ふせんで見つかる「やりたいこと」のほとんどは、「自分にでもできること」です。

私もふせんのおかげで「やりたいこと」が、たくさん見つかりました。どれもこれもワクワクすることばかりです。

一生かけてもやりきれないくらい見つかったので、「やりたくないこと」はすべてバッサリ切り捨てて、一切やらないことにしました。それゆえ今は、心底「やりたいこと」しか、やっていません。

「やりたいこと」を見つけたのは、私だけではありません。ご参考までに「やりたいこと」の見つけ方を学んだ直後の受講生の声を紹介します。

「自分のことを掘り下げて考えることが苦手だった私が、ふせんに書く作業を行なったことによって、自分が今後やりたいこと、できることが見えてくるようになりました」A．I．さん、40代女性

「他人の人生を生きている感覚から抜け出し、人生をコントロールしているのが『自分自身』という感覚を身に付けられました」H．H．さん、20代女性

「3か月で世界観が変わりました。成人してからのウン十年を損したと感じたと同時に、これからの人生に夢を持てるようになりました。人は生きていくうえで、毎日何かを選択し続けなければなりませんが、大きな選択ミスをしない人になれたように感じています」M．O．さん、50代男性

「やりたいことが見つかって、お金が貯まるようになった」M．S．さん、20代女性

「周りの人から、雰囲気が随分変わったと言われます。何か自分でセーブしていたことが外れたのかもしれない」T.K.さん、30代女性

「一番の効能は、今まで見えなかった自分への気づきです。ふせんの効用は凄まじく、潜在意識をもっともっと使いこなしていきたいです」Y.K.さん、40代男性

「ふせんを使って湧いてきたインスピレーションから、ワクワクすることをどんどんやってみることにしました。すると、いろいろな情報がつながり、自分の中で新しい形が現れ始めています。自分でも驚くレベルの進歩です」S.K.さん、30代男性

「やりたいことがあふれてワクワクの毎日。世帯収入が2倍以上になりました」I.A.さん、30代女性

一部の紹介ですが、「やりたいこと」が見つかると世界観が変わり、毎日が充実するので、生活が一変します。

寝食を忘れるくらい夢中になれるので、毎日が楽しくて仕方ありません。

「やりたいこと」以外のことをやっているときでさえ、ワクワク感が止まりません。

「やりたいこと」をやり続けている未来の自分を具体的にイメージできて、生きている幸せを実感できる。他人が作ったお仕着せの人生を歩むのではなく、**自分が選んだ人生を自分らしく歩める**のですから、当然です。

第1章

ふせんで「考え」を言語化する

ふせんを使って願い事にフォーカスする

本書の目的は「やりたいことを見つけること」です。「やりたいこと」は、自分の脳内にしかないので、「考える」しかありません。ふせんはシール遊びのように楽しいので、いつの間にか「考える」ことも楽しくなります。

ふせんを使うと、「考え」を瞬時に言葉にしてスッキリ整理し、手にとって編集できます。やることは、「書く」「貼る」「並べ替える」の3つでした。

最初に「書く」ことで、自分の「考え」を言葉にします。

そもそもヒトは、なぜ考えるのでしょうか。

ヒトが考える目的は、悩みを解決し、願望を実現するためです。思考には目的や目標があるということ。それゆえ、目的や目標を持っている人は、どうすれば悩みが解決し、願望が実現するかを考え続けます。

そこで手始めに、**願望の実現や悩みの解決など「願い事」を書いてみましょう。**ふせんを使う練習です。神社の絵馬や七夕の短冊に願い事を書くのと同じです。

・神社の絵馬や七夕の短冊に、自分なら何を書きますか
・神社やお寺などにお参りしたとき、何をお願いしますか
・神棚や仏壇に向かって、何をお祈りしますか

同じことをふせんに書きましょう。**ふせんには絵馬や短冊と同じ効果がある**からです。

お金や健康、仕事や勉強、家族や人間関係など、何でも構いません。「もっと収入を増やす」「健康に長生きする」「快適で環境のいい家に住む」「健康的な食生活を送る」「家族で旅行を楽しむ」「人間関係の苦労を解消する」「好きな仕事をする」「わが子を稼げる大人に育てる」など、思いついたことを全部書いてみましょう。

あとで並べ替えて使うので25ミリ×75ミリのふせんに書いて、8枚以上あると理想的です。

絵馬や短冊は、書ける面積が小さいので、余計なことは書けません。奉納されている絵馬を見るとわかりますが、願い事はすべて短い文章でコンパクトにまとめられていま す。小さい字でびっちり隙間なく書いている人はあまりいないですよね。七夕の短冊もそうです。

このように、絵馬や短冊には多くを書けないので、一番大切な願い事の核心に、自動的に焦点が合っていきます。

ふせんも同じで、願い事の核心にオートフォーカスされ、それを短い文章で端的に言語化できるのです。

図5　ふせんに願い事を書いてみる

25ミリ×75ミリの
ふせんに書く

もっと収入を増やす

家族で旅行を楽しむ

健康に長生きする

人間関係の
苦労を解消する

快適で環境のいい
家に住む

好きな仕事をする

健康的な食生活を送る

わが子を
稼げる大人に育てる

ふせんは、絵馬や短冊と同じ効果がある。
短い文で端的に言語化しよう

ふせんでリアルに妄想すれば、潜在意識とつながる

ふせんに書く際に、試してほしいコツがあります。それは、**願い事がかなった未来の自分をイメージすること**です。そのときの情景を頭の中で映像化して、映画のワンシーンを見るようにリアルに臨場感を感じながら妄想してみてください。

願い事が「やりたいこと」を見つけることなら、毎日がワクワク充実して、家族や友人から驚嘆されているワンシーンかもしれません。お金持ちになる夢であれば、夫婦で始めた副業で独立し、ハワイで長期のバカンスを楽しむワンシーンかもしれません。

まずは、**ワクワク・ウキウキする未来を妄想してみましょう**。うまくできたら、そのときの気分になってニヤニヤ・ニタニタ笑ってください。本当に笑みがこぼれるくらいリアルに妄想できれば、実現する確率が高まります。

妄想できるのは知的生命体だけなので、自信を持って妄想してください。文化や文明が発達してきた原動力こそが妄想です。SF小説も妄想ですが、昔のSF小説で描かれたことは次々と現実化しています。

イーロン・マスクもスティーブ・ジョブズもマーク・ザッカーバーグもジェフ・ベゾスも、大のSF好きです。SF好き＝妄想好きだからこそ、新規事業を妄想して成功させてきたのでしょう。

思考は、「顕在意識」と「潜在意識」の連携で展開されます。私たち（＝顕在意識）は、潜在意識の領域には立ち入れません。潜在意識は生命維持を担う神聖な領域なので、覗き見ることとさえも許されない神の領域なのです。

でも、**リアルに妄想したうえで具体的にふせんに書くと、潜在意識にアクセスできて、願いがかなう可能性が高まる**のです。ふせんを介して潜在意識をコントロール下に置き、神のような潜在能力を利用できるからです。それゆえ**「神ふせん」**といいます。たかが「紙ふせん」、されど「神ふせん」。ふせんは人類史上最強の媒体かもしれません。

潜在意識は神のごとく優秀ですが、その一方で癖も強いので言葉使いには十分に気をつけましょう。

たとえば否定形を理解できないので、ゴルフ場で「絶対に池ポチャしない！」と念ずるとゴルフボールは池に吸い込まれていきます。

また、現在と過去と未来とを区別できないので、「お金持ちになりたい」と念ずると、未来永劫お金持ちになりたいと願う状態が続いて、永遠にお金持ちになれません。

そこで、**ふせんに書く際には必ず、「私はお金持ちになる」と肯定形で、理想が実現した状態で表してください。**

図6　ふせんに書いてはいけないこと

1　否定形にする

潜在意識は否定形を理解できないので、
「〇〇しない！」と願っても、「〇〇する」結果へ導かれる

2　未来形にする

潜在意識は現在と過去と未来とを区別できないので、
「〇〇したい！」と願っても、「〇〇したい」状態が続き、
永遠に叶うことがない

▼

**ふせんには、常に肯定形で
理想が実現した状態を書きましょう！**

1枚のふせんに書くメッセージは1つだけ

ふせんに書くことは、1枚のふせんにつき1つに絞りましょう。いくつも書き込んではいけません。

もちろん願い事は多いほうが理想的です。たくさんあるほうがいいのですが、手順としては1つずつ順番に狙いを定めましょう。そうすれば、**潜在意識をコントロール下に置きやすくなる**からです。

この理屈は、新聞記事や雑誌記事の見出しを見るとよくわかります。見出しには、読者に伝えたいメッセージが1つしか書かれていませんよね。

広告などのキャッチコピーもワンメッセージです。一目見た瞬間に理解できるタイトルやキャッチコピーでなければ、スルーされるからです。

では、願い事が複数ある場合にはどうすればいいのか。もし５つあれば、５枚のふせんに書いてください。

絵馬や短冊と違って、ふせんの枚数には制限がありません。制限がないので、好きなだけ書いてください。多ければ多いほど、「やりたいこと」を見つけやすくなります。

書いたら失くさないように、ノートかこの本の一番後ろに貼って保管します。

また、外出先でひらめきが思い浮かんだときに即メモできるように、ふせんを持ち歩くことをお勧めします。全面糊ふせんを手帳の内側にまとめ貼りすれば、よれたり折れ曲がったりしません。私は手帳型のスマホカバーの内側に台紙を差し込んでまとめ貼りしています。メモしたあとは、失くさないように台紙の裏に貼って保管し、あとからノートに貼り替えています。

いずれにしても、最初にパッと浮かんだことが一番正直な気持ちなのであと回しにせず、楽しく妄想しながら書きましょう。

「すごい！」「なるほど！」を書くと、価値観や関心事がわかる

願い事を書いたら、いよいよ本番です。人生の目的とは、自分の価値観×世の中のニーズでしたね。「自分の価値観」と「世の中のニーズ」さえ「見える化」すれば、やりたいことも自動的に見つかります。

まずは、**「価値観」**を言語化しましょう。

価値観とは、正誤や善悪についての判断基準や好き嫌いのことでした。信念や信条、行動指針も価値観由来なので同じです。理屈ではなく魂のレベルで信じているのでブレません。

価値観を言語化できた人は最強です。なぜなら、価値観があらゆる行動や決断の決定的な動機となるからです。

「世の中のニーズ」は本来、他人事です。ところが、価値観というレンズを通して見るだけで、「世の中のニーズ」を自分事として受け止められるようになります。価値観1つで他人事が自分事になるということ。その瞬間に、潜在意識が豹変します。動きの鈍かった潜在意識が、自分事として認識するので、がぜん頑張り始めるのです。潜在意識の能力は顕在意識の20倍ですので、背後に突如、20人の応援団が現れるようなものです。

応援団は潜在意識だけではありません。価値観は、旗印や大義名分になるので、共感して応援してくれる人が必ず現れます。

価値観以外にもう1つ、強力な動機になるものがあります。それが**「関心事」**です。**関心事とは、興味があること、気になること、極めたいこと、大好きなこと**です。

研究者や冒険家、スポーツ選手やアーティストなどは、価値観よりもむしろ、探究心や極めたい気持ちのほうが強い動機になるかもしれません。この場合には、「自分の関心事×世の中のニーズ」が、人生の目的となります。

世の中のニーズは、自分の外に存在しているので、見つけやすい。これに対して価値観や関心事は、自分の脳の中にしか存在していません。しかも、潜在意識の内側にボヤッとしたイメージとして存在しているだけで、言語化されていません。それゆえ見つけるのに時間がかかるのですが、だからこそ価値観や関心事は最も大切なアイテムなのです。

やりたいことは、価値観と関心事次第です。言語化できれば、潜在意識が自分事と認識し、本腰を入れます。９割成功したも同然です。

価値観や関心事の分野はいろいろあるので、すべて書き出すとキリがありません。そこで、仕事やお金、家族や健康、趣味嗜好など、惹かれる分野を中心に書いてみましょう。

具体的には、**「感動したこと」や「役に立ちそうなこと」を、ふせんに即メモ**します。

「ワォ！」「すごい！」「さすが！」「やるじゃないか！」「わが意を得たり！」「へぇ〜、そうなんだ！」「やったー！」「よかった！」「うれしい！」「エヘッ！」「ドヤ！」「キモチイイ〜」「うそでしょ！」「ヤバイ！」と思うことは、1日に1回くらいはありますよね。そう思ったことが「感動したこと」です。

「なるほど！」「その手があったか！」「知らなかった！」「早く言ってよ！」「それは使えそう！」「それ、いただき！」「ワクワクする！」「やめられない！」「大好き！」「極めたい！」と思うことも、ありますよね。それが「役に立ちそうなこと」です。

「感動したこと」や「役に立ちそうなこと」の行間には必ず、価値観や関心事が映し出されています。

たとえば、たまたま見ていたテレビ番組で、有名芸能人が**「失敗の共有は社会貢献である」**と締めくくった話を聴き、「すごい！」「さすが！」と感動し、メモしたとします。

そのメモからは、**「自分の失敗体験を世のために活かすべき」**という価値観が浮かび上がります。そこで、気づいた価値観も一緒に書き添えます。**「なぜそう感じたのか」「なぜそうしたのか」、その理由や動機（WHY）が価値観です。**

私の場合は「自分の資産形成の失敗体験を世の中のために活かすべき」となる。したがってふせんには**「失敗の共有は社会貢献である」**→**自分の資産形成の失敗体験を世の中のために活かすべき**」のように、感動した内容→自分の価値観の順番で書きます。

また、**「ふせんを貼るとドーパミンがあふれ出る」**というくだりを読んだとき、「知らなかった！」「それは使えそう！」と、役に立ちそうだと思いませんでしたか。そう思ったなら、**ふせんそのもの（WHAT）や、ふせんの活用法（HOW）が関心事です。**「役に立ちそうなこと」は価値観よりも関心事であることのほうが多いかもしれません。

そこで、**「ふせんを貼るとドーパミンがあふれ出る」→ふせんを極めて仕事に役立てる」**のように、気になった内容→自分の関心事の順番で書きます。それだけで、人生が変わるのですから、やらないほうがもったいないないです。

図7　ふせんの書き方

75ミリ×75ミリのふせんに書く

価値観の場合

失敗の共有は
社会貢献である
→自分の資産形成の
　失敗体験を
　世の中のために
　活かすべき

関心事の場合

ふせんを貼ると
ドーパミンがあふれ出る
→ふせんを極めて
　仕事に役立てる

「感動したこと」には「価値観」を、「役に立ちそうなこと」には「関心事」を書く

このように、「感動したこと」や「役に立ちそうなこと」を書き続けると、自分の価値観や関心事が浮かび上がって、徐々に「言語化」されます。

書きためたふせんは、のちほど並べ替えるときに使うので、1枚でも多く蓄積しましょう。あとから書こうと思っても絶対に忘れます。気づいたその瞬間に即メモし始めるのが鉄則です。

ちなみに、「失敗の共有は社会貢献である」や「ふせんを貼るとドーパミンがあふれ出る」を見て、浮かび上がる価値観や関心事は人それぞれです。そこで、実際にどのように感じるかを何名かにインタビューしてみましたので、ご参考にしてください。

【失敗の共有は社会貢献である】

- 不器用ゆえの失敗を世に活かすべき
- すべての人が自信を持つべき
- この世にムダなものは何もない
- まさに失敗こそが成功のもと

- 失敗を恐れずにチャレンジすべき

【ふせんを貼るとドーパミンがあふれ出る】

- ふせんを使って明るい未来を作りたい
- ふせんを使って自分の中に眠る言葉を引き出したい
- ふせんを使って育児・家事・仕事でゴチャゴチャの脳をスッキリ！
- ふせんを使って頭を活性化させてアイデアを言語化しよう
- ふせんで仕事を効率化して意欲アップに活用しよう

価値観と関心事、混同するかもしれませんが、気にせず書いてください。

ふせんだから、今すぐ始められる

感情が動く瞬間は必ずあるので、すぐに書き始める。**最初の1枚さえ書ければ2枚目以降もスイスイ書けます。毎日書いて、貼って、ドーパミンを出し続ければ習慣化します。もう9割成功したようなものです。**

今日、何か「感動したこと」や「役に立ちそうなこと」はありませんでしたか。もちろん、今週でも今月でも今年でも構いません。思いついたことを書いてみます。

たとえば妻から、「この街の学童クラブの送迎サービスは本当に凄い」と聞いて、「引っ越してよかった！」と思ったとしましょう。そこからは住環境への価値観がうかがえます。この場合は**「引っ越してよかった！↓住環境こそが大切」**と書きます。

家族との何気ない会話、子どもの意外な言葉、身のまわりのふとした出来事など、心が動く場面は無数にあるはずです。そんな**心の動きをサクッと自分の言葉でメモするだけ**なので、今すぐ始められます。

寝る前に歯磨きをしているときやお風呂に入っているときには、その日のことを振り返ります。**ふせんにはできるだけ、ポジティブなことを中心に書くのがコツ**です。ネガティブな感情が頭をもたげたら、書いて捨てればいいのです。

たとえば、通勤時の車内でお年寄りに席を譲ったら何度も頭を下げられたことを思い出したとします。少し照れくさくて「エヘッ！」と思いながらも、清々しい気持ちになったなら、その気持ちを思い出してサクッと書きます。そこには、弱者への思いやりといった価値観が映し出されています。

この場合の書き方を例示すると、**「お年寄りに席を譲れて、清々しい一日になった→弱者には優しく！」**です。

当たり前だと思っていることや些細なことが意外と大切です。頭をよぎったらメモする。特に寝入り端《ばな》や、朝目覚めるときに頭に浮かんだことは、超お宝級の思考です。重要度や内容をもとに取捨選択して「整理」するのは「貼る」ステップで行なうので、とにかく「書く」ことだけに専念しましょう。

こうして「感動したこと」や「役に立ちそうなこと」と一緒に価値観や関心事が言語化されると、それが「やりたいこと」の部品の1つになります。**まずは無理せず、1日1枚から始めましょう。**

尊敬する人や憧れの人の生き方を真似する

意識して見渡すと、いたるところに「感動したこと」や「役に立ちそうなこと」が見つかります。

ドラマやマンガのワンシーンや名ゼリフに感動したことはありませんか。ドラマ「ドラゴン桜」で、阿部寛さん扮する桜木先生のこんな名ゼリフがあります。

「バカとブスこそ、東大に行け！」

このセリフは、大人にも刺さります。社会に出て厳しい現実を経験しているからです。

そこから、価値観に気づいたとしたら、それを書き添えましょう。

「バカとブスこそ、東大に行け！→子どもの教育は最重要、社会人も学び続けるべし」

バラエティ番組であっても、「家庭より大切な仕事はない」のような名言が飛び出したりします。この場合のメモ例は、**「家庭より大切な仕事はない → 家族が一番！　家族を大切にする人を応援すべき」**のようになります。

その他、歌の歌詞に共感して「ジィ～ン」となることや、ドキュメンタリー番組を見て「知らなかった！」と驚くことも、よくありますよね。

たまたま小耳に挟んだ名言や格言がグッと胸に刺さって、「ワォ！」「その通りだ！」と感じた経験も、1度や2度ではないでしょう。

名言や格言には、万人が認める価値観が濃縮されています。もし心の底から共感できれば、それは一生ものです。運よく見つけたら、遠慮なく拝借しましょう。

もしゆとりがあれば、偶然に頼るだけでなく、自分から探しに出かけてみてはいかがでしょうか。

特にお勧めしたいのが「読書」です。ビジネス書だけではありません。小説や漫画でもいいのです。読めば必ず心が動くので、その部分をそのまま書き写しましょう。そして、書き写したフレーズから気づいた自分の価値観や関心事も添えましょう。

『嫌われる勇気』がきっかけでアドラーに興味を持ち、『アルフレッド・アドラー 人生に革命が起きる100の言葉』を読んだとします。そこに書かれている「幸せになる唯一の方法は他者への貢献」という名言を見て、「わが意を得たり！」と感じたら、**「幸せになる唯一の方法は他者への貢献→貢献する人が幸せになる」**と書きます。

漫画『宇宙兄弟』のセリフ「本気の失敗には価値がある」が心に刺さったなら、**「本気の失敗には価値がある→つべこべ言わずにやる。やらない言い訳はしない」**です。

また、尊敬する偉人や有名人、憧れの人はいませんか。もしいるなら、彼ら彼女らが何に関心を持ち、どんな価値観を持って生きてきたのか、気になりますよね。

偉人や有名人であれば、ネット上で無数の名言集や格言集を見つけられます。すごい人が考え抜いてひねり出した名言や格言は奥深く、味わい深いものがあります。

私は、日本人で初めて世界最優秀ソムリエコンクールに優勝した田崎真也さんに憧れていました。それゆえに、仕事とは無関係なソムリエ資格まで取得。「サービスの極意」という田崎さんの価値観に触れることができました。

この場合は**「ホストをアシストしてこそ本物のソムリエ → 貢献する人こそ応援される」**となります。

ヒトにとっての価値観は「心の設計図」。「体の設計図」であるDNA以上に大切なのです。それゆえヒトは子孫や後世に伝えたいことを価値観や思考を通じて残します。ですから、優れた名言や格言は、どんどん真似して素直に取り入れるべきなのです。いろいろな人の価値観が混ざり、最終的にはあなたの価値観はオンリーワンになります。そこに完全オリジナルな価値観が1%でも加われば鬼に金棒。どんどん真似しましょう。

すると、いずれ潜在意識の中で化学反応が起きて、いつの間にか自分オリジナルの価値観や関心事などが増殖し始めます。成功者は皆、そうやって大きくなったのです。

ふせんに書くのは「メモ・補足・日付」の3点セット

ふせんは小さいので、ダラダラとした長文を書けません。そのため数行のメモしか書けませんが、「補足」と「日付」だけは必ず添えましょう。

なぜ、補足と日付を書くのか。書いたときは、そのときのエピソードなどを鮮明に覚えていますが、しばらくしたら忘れるからです。

「誰と一緒にいたのか」「どこにいたのか」「どんな場面だったのか」「何を見たり読んだりしたのか」「なぜ書いたのか」「どう活かそうと思ったのか」など、**あとから思い出すためのきっかけになる補足説明があると理想的です。**フェイスブックやX（旧ツイッター）などのハッシュタグ「#」的な感覚です。「#」は1つか2つあれば十分です。

本書を読んで初めて「ふせんを使えば、潜在意識を使いこなせる」ことを知ったとしましょう。その場合、潜在意識が関心事の1つであることにも気づくのでこう書きます。

「ふせんを使えば、潜在意識を使いこなせる→潜在意識の活用法を極める」

あとは補足と日付を付記するだけ。補足の一例をあげると**「#神ふせん81ページ」**となります。最後に日付を書きます。2023年11月1日なら**「231101」**です。

あるいは先ほど、「失敗の共有は社会貢献である」と締めくくった有名芸能人の発言をご紹介しましたが、実はこれ、お笑いコンビ、オリエンタルラジオの中田敦彦さんが2015年12月21日放送のテレビ番組で発言した名言です。

この場合の記載例は、**「失敗の共有は社会貢献である↓自分の資産形成の失敗体験を世の中のために活かすべき　#オリラジ中田　151221」**となります。

些細なことでも、まずは書いてみます。書かれた内容が大切かどうかは、あとで判断するので気にしません。あとで貼るときに、くだらないとわかれば捨てればいい。それよりも1枚でも多く書くことに意義があります。まずは80枚を目標にしましょう。

図8　ふせんの書き方〈完全版〉

図7で書いたメモに、
補足・日付を加える

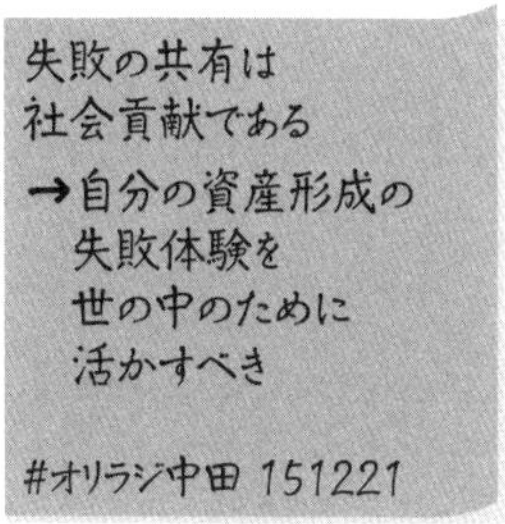
失敗の共有は
社会貢献である
→自分の資産形成の
失敗体験を
世の中のために
活かすべき
#オリラジ中田 151221

**言語化に成功も失敗もないので、
どんどん書いてみることが大事。**

ただ、始めると止まらなくなるので、**「まずは手順通りにやってみる」**こと。価値感や関心事の言語化に正解はないので、これまで紹介した例のほか、次のようなテンプレートを参考にしてください。

【価値観】正しい・大切・善だと思うこと（信念・信条・行動指針）

- 私にとって命の次に大切なのは、「　　　」だ
- 家族のために大切なもの1位は、「　　　」だ
- 生きていくうえで最も大切なのは、「　　　」だ
- 私にとってお金とは「　　　」だ
- 子どもに残すべき一番大切なものは、「　　　」だ
- 仕事で常に心がけているのは、「　　　」だ
- 親友の頼み事でも、「　　　」だけは妥協できない
- 日本一「　　　」だと言われると、心の底から嬉しい
- 「　　　」は、心の底から尊敬できる

・願いが叶うなら、「　　　　　　　　　　」になりたい
・一番後悔しているのは、「　　　　　　　」をしなかったこと
・「　　　　　　　　　　　　　　　　　」のためなら、命がけになれるかもしれない

【関心事】興味があること、気になること、極めたいこと、大好きなこと

・「　　　　　　　　　　　　　」しているときが一番楽しそうと言われる
・「　　　　　　　　　　　　　　　」をしていると、寝るのも忘れる
・「　　　　　　　　　　　　　　」がある（いる）だけで癒やされる
・「　　　　　　　　　　　　」なら、毎日、一日中やっても飽きない
・「　　　　　　　　　　　　」のことを、もっと早く知りたかった！
・「　　　　　　　　　　　　　　」さえできれば、人生悔いなし！
・さらに「　　　　　　　　　　　」できたら私の人生最高かも！
・何をしてもいいのなら、「　　　　　　　　」を極めたい！
・小学生からやり直せたら、「　　　　　　」をする（になる）

・理屈抜きで、なぜか［　　　　　　　　　　　　　　　　　　　　　］が気になる
・いま一番興味があるのは［　　　　　　　　　　　　　　　　　　　　　］だ
・時間とお金が余るほどあれば［　　　　　　　　　　　　　　　　　　　］をする

イメージいただけましたでしょうか。もちろん価値観や関心事は、テンプレートだけでは網羅できません。そこで、スキマ時間を使って、自分が何に価値観を感じ、どんな関心事があるのか、妄想してみるのもいいでしょう。

第2章

ふせんで「自分探し」をする

ふせんを貼ると、自分の魅力が見えてくる

「やりたいこと」を探し求めることを、俗に「自分探し」といいます。「自分探しの旅」に出る人も大勢います。

でも、どんなに旅を続けても、なかなか自分を見つけることはできません。なぜなら**本当の自分は、潜在意識の内側に隠れている**からです。それゆえ、潜在意識下の思考や記憶を見える化したふせんが、一番の近道となります。

次のステップでは、ふせんをノートに貼ります。ノートには、ふせんの上で言語化された価値観や関心事など「自分の考え」が並びます。書けば書くほど、自分の想いが蓄積される。**ノート全体が自分を映し出す**ということ。自分のマインドセット（人格）の1％にも満たないかもしれませんが、まぎれもなく自分の分身です。

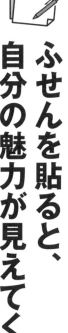

ノートが埋まって、2冊、3冊と増えていけば、それらが全体として少しずつ、自分の人格に近づいていく。ネガティブ思考はふせんに書いても捨てるので、ノートは自分の魅力で埋め尽くされます。自分でも気づかない意外な側面がデッサンされるからこそ、それらを活かす「やりたいこと」が見つかりやすくなるのです。

思考とは、図9－1のような脳による情報処理の総称です。その思考の結果が、図9－2のような言葉にされた成果物（アウトプット）です。ザッと眺めてイメージをつかみましょう。

思考の成果物と現実との間にギャップが生じた瞬間に、喜び・笑い・怒り・悲しみ・驚きなどの感情が生まれます。その感情から新たな価値観や関心事が生まれることもあります。

これらがトータルで自分の人格を描写します。ですから、自分探しの旅を始めるまでもありません。ひたすらふせんに書いて、貼ってください。ふせんを貼り続けて、ふせ

図9-1　脳による情報処理

3つの型	顕在意識下の思考	潜在意識下の思考
①書く	思考の**言語化** （アウトプット） 他人発の情報の理解 （インプット）	情報の**認知** 情報の記銘 情報の検索
②貼る	情報の分類 情報の関連付け 思考の**整理** 抽象化・具体化	情報の記銘 情報の認識 記憶の**検索**
③並べ替える	思考の**編集** 対比・分析 抽象化・具体化 推論・計算 判断	思考の**熟成** 思考の抽出 決断

※太字は各ステップでの典型的な思考
※図9-1と図9-2の内容は著者の感覚であり、人によって個人差があります

図9-2　思考の成果物の一例

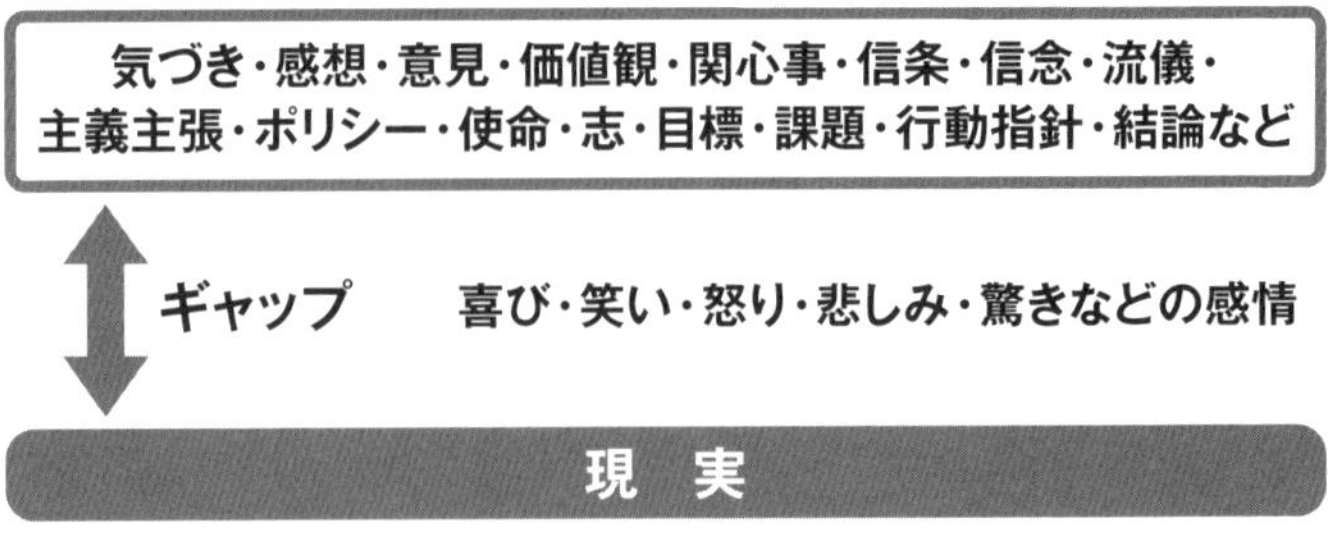

んが蓄積されればされるほど、自分の理想的な人格が地層のように積み重ねられていきます。

「やりたいこと」は蓄積されたふせんから自然とにじみ出てくるもの。慌てることはありません。

まずは自分の「考え」を言葉にしながら、ふせんを貼っていきましょう。

時系列で貼れば、「考え」が整理される

「感動したこと」や「役に立ちそうなこと」が書かれたふせんは「やりたいこと」に関連したふせんです。

これらはすべて「やりたいこと」を見つけるために言葉にした「考え」なので、プライベートなノートに貼ります。見開きで一覧できるように、1ページ目をとばして2ページ目から貼ってください。

貼る順番は時系列です。ヒトの記憶は時間感覚と場所感覚に優れているので、時系列で順番に貼るだけで考えが整理されます。

「貼る」ことにより「考え」は物理的に「関連付け」されます。関連付けにより「考え」が「整理」されて記憶に刻まれます。**ノートに貼ることで、整理された「考え」が「検索」しやすくなる**のです。

お勧めは紙面の広いA4判の大学ノート。75ミリ四方のふせんを使えば、1ページ6枚、見開きで12枚貼れます。

ノートに貼ることにより、パラパラめくって一覧できるようになります。広い視野で見開きページ全体を眺められるので、自分の「考え」の傾向や、関心ある分野などが、ザックリと視えてきます。いつの間にか、抽象的に考えられるようになるということ。そうなるとしめたものです。「自分探し」が一気にはかどります。

ふせんが貼られたノートは、脳の外付けHD（ハードディスク）として、脳の代わりに情報を記録する機能を果たすようになります。**ふせんをノートに貼るだけで、それが脳のインデックス（索引）やデータベースになる**のです。

図10 A4版ノートへの貼り方

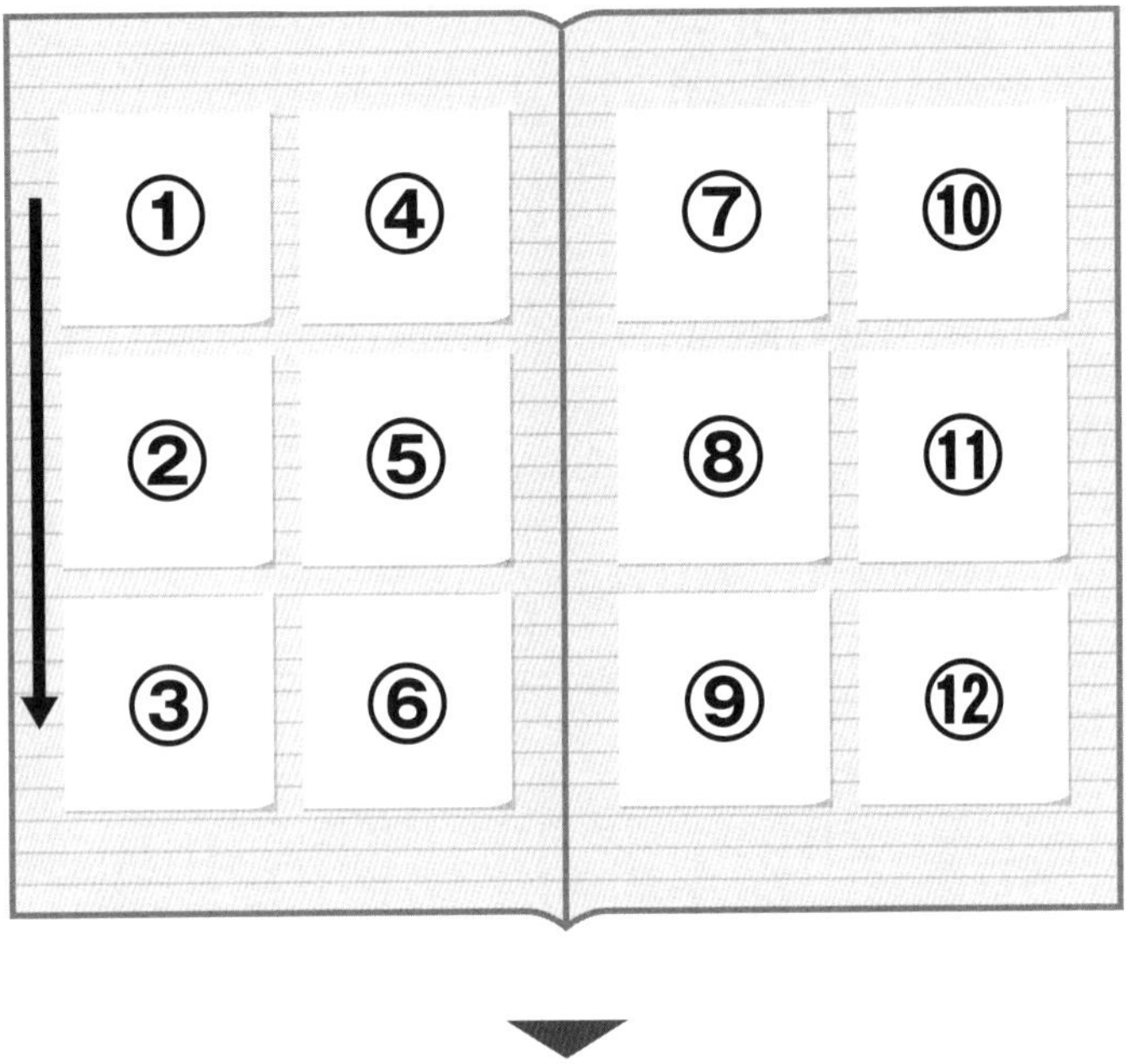

75ミリ四方のふせんは、1ページ6枚、見開き12枚にして、貼っていく

ふせんを貼って、心を整える

ふせんには、自分の価値観や関心事、名言や格言など大切なことが書かれています。それゆえふせんは、クレドと同じ役割を果たしてくれます。

クレドとは、従業員が心掛ける信条や行動指針のこと。リッツ・カールトンが従業員に「クレドカード」を携帯させていたことで有名になりました。

カード化して携帯すると、スキマ時間に何度も繰り返し見られます。そうすると、いろいろな気づきやひらめきが生まれるし、軸足もブレません。

ふせんも、ノートを開くたびに眺められます。**思考に行き詰まったり困ったりしたときには、ふせんを眺めれば心が整います。**ふせんは必ずやあなたを応援し、窮地から救ってくれるでしょう。

気になるふせんは、ノートからはがして持ち歩くと、いいことがあります。

私はふせん手帳を携帯していたので、そこに格言や名言を忍ばせて、スキマ時間に眺めて心に刻みつけていました。たった1秒で心がリセットされてニュートラルになります。

たとえば、次のような名言をお守り代わりに持ち歩いてみてはいかがでしょうか（文例では末尾の年月日を省略しましたので、ご自身がふせんに書いた年月日を追記してください）。

- 海賊王におれはなる！↓目的に向かって進み続けることに価値がある #ワンピース
- あきらめたらそこで試合終了ですよ↓自分にだけは絶対に負けない #スラムダンク
- 頭を下げろ。恥をかけ。泥にまみれろ。ただし、心は汚すな↓虚勢を捨て、どぶ板に徹することが大切 #キングコング西野亮廣《あきひろ》

- 100％私自身であり続けること↓私自身であり続けるために、自分を言語化すべし　#冨永愛
- 自信が先にあって、後から実績とか根拠となるものが手に入る↓根拠のない自信が人生に成功をもたらす　#ひろゆき
- 私が欲しいものは、あなたには絶対出せない↓大切なものは自分の心の中にある　#千と千尋の神隠し
- 戦は〝数〟じゃねェ〝人〟だ↓すべては「人」次第　#キングダム
- 思考とは手仕事↓「考える」とは「書く」こと　#エマニュエル・トッド

ふせんで関連付けすると、思い出しやすくなる

ふせんを「貼る」ことにより物理的に、外付けＨＤであるノートに「考え」や情報が「関連付け」されます。

脳もパソコンも、関連付けをして「整理」する仕組みを内蔵しています。

脳では言葉は側頭葉、画像や映像などは視覚野など、もっとも適した場所に海馬が自動的に振り分けてくれます。その際、その記憶が行方不明にならないように脳内で関連付けがされるのです。

しかし、関連付けは毎日行なわれるので、ヒトの脳内では新しい記憶との干渉が起きてしまい、時間が経つと思い出せなくなります。「あれ？　何だったっけ？　アレだよアレ！　喉まで出かかっているんだけど、出てこない」という経験、ありますよね。

「忘れる」とは、記憶自体がなくなる現象ではなく、検索できなくなった現象です。だから何かの拍子に、忘れたと思っていた記憶が鮮やかによみがえります。どこに片付けたかわからなくなった捜し物がひょんな拍子で見つかるのと同じです。

ふせんを貼ると、情報や思考が脳内でエピソード記憶として関連付けされるだけでなく、貼った場所にも物理的に関連付けされます。会社のノートに貼れば仕事に関連付けされるし、価値観や関心事のふせんをプライベートノートに貼れば「やりたいこと」に関連付けされます。

貼る際に、過去に貼ったふせんも目に入るので、「やりたいこと」に関連した他のふせんの情報や思考とも関連付けされます。幾重にも関連付けされるので、記憶がさらに強化される。結果的に、「検索」という潜在意識下の思考をさらに効果的に使いこなせるようになります。つまり、**「考え」や記憶を思い出しやすくなる**のです。

ふせんで検索して、脳の引き出しから思考を手繰り寄せる

ふせんを貼ると意識的に「考え」や情報を探せます。時系列にふせんを貼ったノートをパラパラとめくって、探せばいいのです。

「感動したこと」や「役に立ちそうなこと」は、ふせん上で短く言語化されて、ノート上に並んでいます。そのため、1枚1枚のふせんに書かれた「考え」や情報は、必ず脳内の引き出しとつながっています。

したがって、何かヒントを見つけたいとき、記憶を呼び戻したいときには、最近の新しいページから順に探します。

ヒトの記憶は時間感覚に優れているとお伝えしましたが、思い出したいことがいつ頃のことだったのかがわかります。

「あれ？　確か1年くらい前に受けたセミナーで、これに関する面白い事例が話されていたな。何だったたっけ？」と思ったときに、その頃のふせんが貼ってあるページを中心に、その前後を探せば高い確率で見つかります。

ふせんさえ見つかれば、そこには3点セットが書かれているので、紐づいた記憶を呼び戻せます。

また、ふせんをはがして持ち歩いたり、フレームワークで並べ替えるためにはがしたりしても、その場所がポッカリと空くので、パラパラめくって一覧するだけで元の場所がすぐに見つかります。

このように、**ページをめくって時間軸をさかのぼるだけで、過去のエピソードや記憶が活き活きとよみがえります**。

たとえるなら、時系列で整理されたスマホの写真フォルダのようなものです。写真をスクロールすると、その画像から当時のことを思い出せますよね。ふせんが貼られたノートもこれに似ています。

ふせんが貼られたノートのページをめくると、「そういえば、あのときこんなことを考えていたな！」「いま副業がうまくいっているのは、このときの思考のおかげだったんだ！」などと思い出せて、関連した記憶も芋づる式に出てきます。まさに、**ふせんが貼られたノートは思考のアルバム**でもあるのです。

万が一ふせんを見た瞬間にそのエピソードを思い出せなかったとしても、潜在意識が検索し続けるので、リンク切れを起こしていない限り、あとでパッと思い出せます。

鳥の目と虫の目で、思考レンズを切り替える

ふせんは、ノートやホワイトボード、テーブルや壁などの広い面に貼ると、ひとまとめで見られます。

その際、高いところから俯瞰して全体を見る「鳥の目」と、近いところから具体的に細かく見る「虫の目」を使い分けて、最も合理的な答えを導き出しましょう。

全体を眺めながら「鳥の目」で抽象的に考えたり、1枚1枚のふせんに意識を集中して「虫の目」で具体的に考えたりして、臨機応変に思考レンズを切り替えるのです。

新聞紙を例にしましょう。新聞を読むとき、大きな紙面に点在しているすべての「見出し」に目が届きますよね。

ふせんが貼られたノートの場合も同じく、見開き一面に貼られたふせんのすべてに、

目が届きます。このときの思考レンズは、紙面全体を見る鳥の目（広角レンズ）になるので、抽象的な思考が活発化します。

そして新聞では気になるタイトルが見つかると、その記事の細かな内容に意識がフォーカスしますよね。

ふせんが貼られたノートでも同じように、気になるふせんが記憶や思考を手繰り寄せます。このときの思考レンズは、細部がよく見える虫の目（接写レンズ）に切り替わり、具体的な思考が活発化します。

ノートにはふせん＝自分の人格が言語化されて並んでいます。そこで、1つ1つのふせんに書かれたエピソード記憶を手繰り寄せて、改めて経緯や背景などを具体的に思い出しましょう。

ふせんには本物の自分が映し出される

本書を読みながらふせんを書いてみた人は、書きためたふせんを改めて眺めてみてください。そこには、自分が何に興味を持って、何に感動して心が動いたのかが言葉にされています。

それを見て、「私にはこんな側面があったのか！」と、驚くかもしれません。**自分でも気づかなかった自分のよさがふせんに表れる**からです。

人助けをしたり、相手のことを思いやったり、家族のことを大切にしていたりする自分に気づいて、ほっこりするかもしれません。

「世の中のことをここまでしっかり考えていたんだ！」と、何だか誇らしく思えるかもしれません。

今まで、自分なんかたいしたことないと思っていたけど、「もしかしたら結構イケてるかも！」と、自分の凄さに気づく人もいます。

改めて全体を眺めてみると、練習で書いた願い事も、ちょっと見え方が変わってきているように感じませんか。

言葉にされた価値観や関心事を、願い事と一緒に眺めてみると、何となく関連性が感じられて、どこかでつながっているかもしれないという気がしませんか。

今まで気づかなかったことが「見える化」されているので、ほんの少し書きためただけでも効果を実感できたはずです。

勘が鋭い人は、価値観と関心事が言語化され始めた時点で、「やりたいこと」が見つかります。

でもまだ序の口です。第3章からの「並べ替え」を始めると、天地がひっくり返るくらい驚くからです。ふせんには、それだけ凄まじいパワーが宿っているのです。

第3章

ふせんで「考え」を熟成させる

世界一簡単なフレームワークを使いこなす

書いて貼ることで、「考え」を言語化して、整理してきました。簡単な「型」ですが脳がさえわたります。ふせんは自分の人格の一部なので、ノートをパラパラめくって眺めれば、「自分が向かう方向」が見えてきます。やりたいこと関連の思考が脳から分離・抽出され、熟成していくからです。

ワインのように気長に熟成を愉しむのもいいですが、**熟成する時間を短縮するには、ふせんを「並べ替える」ことが重要**です。

「並べ替える」だけでひとりでに、「編集」という思考が進み始めます。あとは1枚1枚のふせんを見て（虫の目）、ページ全体を眺めれば（鳥の目）、思考レンズが切り替わって思考の熟成が加速します。

並べ替えるのに最も効果的な手段が**「フレームワーク」**です。フレームワークとは、思考や分析の枠組み、フォーマットのこと。ふせんもフォーマットなので相性抜群です。フレームワークと聞くと難しそうですが、誰でも使えるのでご安心ください。本書で使うのは、もっとも単純な**「マンダラ」**のみです。

ふせんを貼り替えれば一発で、ふせん式マンダラ（以下、ふせんマンダラ）ができあがります。**「やりたいこと」は「人生の目的」の手段なので、まずは「人生の目的」を言語化しましょう。**

「人生の目的」とは、社会貢献を通じた自己実現でした。

貢献とは、世の中のニーズ（願望の実現や悩みの解決）に応えること。応えるのは自分なので、自分の価値観に合っていることが最低条件です。合っていないと長続きしません。価値観さえ合っていれば「世の中のニーズ」が自分事となり、「やりがい」も生まれる。夢中になれるのです。それゆえ「人生の目的」は、次の公式でした。

人生の目的＝自分の価値観×世の中のニーズ

これを文にすると、こうなります。

・私の人生の目的は○○という価値観の実現のために、●●というニーズに応えること

「人生の目的」は、「自分の価値観」と「世の中のニーズ」の組み合わせにすぎません。2つが見つかれば「やりたいこと」も見つかります。人によっては価値観よりも関心事のほうが決定的な動機となる場合もありました。その場合の「やりたいこと」はこうなります。

・私の人生の目的は○○という関心事を極めるために、●●というニーズに応えること

これまで「感動したこと」や「役に立ちそうなこと」を書きためてきました。価値観や関心事がすでに言語化されています。気づかないうちに、「やりたいこと」の半分が蓄積されていたのです。「やりたいこと」は価値観と関心事に一番左右されるので、実質的には9割方できあがったようなものです。

あとは、「世の中のニーズ」を抽出すれば完成です。練習で書いた「願い事」を貼り替えるだけで抽出できます。

「世の中のニーズ」は願望から生まれる

「世の中のニーズ」の見つけ方にもいろいろありますが、世界一簡単な方法で見つけます。それは、**願望に「誰かのために」という視点を加える**ことです。それだけで願望は、「世の中のニーズ」に生まれ変わります。

序章で「お金持ちになること」「健康に長生きすること」「趣味や旅行を楽しむこと」はただの願望にすぎないとお伝えしました。これらはすべて、「自分のため」だからです。

そこで、主語の「私」を、「あなた」「みんな」に置き換えます。これにより、「みんながお金持ちになること」「みんなが健康に長生きすること」「みんなが趣味や旅行を楽しむこと」となって、ただの願望が、「世の中のニーズ」に生まれ変わります。

自分と同じく「願望を実現したい」「悩みを解決したい」と願っている人は、世界中に大勢います。そこで、同じ願望や悩みを持つ他の人たちのニーズも一緒に取り込んでしまうのです。

相手をお金持ちにしたり、健康にしたりするためには、自分自身にその知識とスキルがなければできません。知識とスキルさえ習得できれば、相手にも貢献でき、同時に自分自身の願い事もかなうので一石二鳥です。

さらには、貢献した結果、相手から感謝されて「感謝の気持ちとしてのお金や評価」をいただけるので、一石三鳥にもなるのです。

「誰かのために頑張れる自信がない」と思われるかもしれませんが、そのために価値観・関心事があります。他人事が自分事になれば、造作もありません。

こうして願い事が「誰かのために」活かされて「やりたいこと」に変わると、行動を後押しするエネルギーである「情熱」が生まれます。

情熱には、自分以外の大勢を魅了するパワーがあるので、応援者が現れ始めます。

あなたのおかげで、願い事をかなえられた人が、あなたの応援者になる。さらには、あなたと似た「やりたいこと」を持っている人も応援者になってくれます。追い風が吹き始めるのです。

人が行動する際、情熱というエネルギーほど強力なものはありません。日本人全体や未来の日本、全世界や未来の地球のように、範囲が広がると、さらに強い情熱を持てるようになります。そこで「誰かのために」の次は「世の中のために」のレベルまで高めましょう。

このあとの手順はシンプルで、「願い事」を書いたふせんを「ふせんマンダラ」に貼り替えます。そのうえで優先順に並べ替えると「世の中のニーズ」が抽出されます。

ふせんマンダラを作って、思考を短時間で抽出する

本家本元の曼荼羅《マンダラ》は、仏様の世界を描いた絵で、悟りをひらくために密教などで使われてきました。悟りをひらけるだけあって、その威力には目を見張るものがあります。

そんな曼荼羅から生まれたマトリックス型のフレームワークがあります。曼荼羅のような9つのマス（縦3マス×横3マス）を作って、中央のマスにテーマ（目標や解決したい問題など）を書いたあと、周囲の8マスに解決策などを書き込みます。

そして、これを応用したのが、メジャーリーガーの大谷翔平さんと菊池雄星《ゆうせい》さんが高校時代に作成した目標達成シートです。ふたりの活躍を見れば、その威力がいかほどかわかります。

また、曼荼羅とロジックツリーを組み合わせたフレームワークがマインドマップです。

曼荼羅を応用すると、いろいろなフレームワークへとアレンジすることができるのです。

同じような発想で、ふせんを使ってアレンジし、自由度を高めたフレームワークが**「ふせんマンダラ」**です。

ふせんマンダラは、遠心分離機に似ています。

遠心分離機とは、遠心力を利用して重さが違う成分を短時間で強制的に分離する装置。水と油が混ざった液体は水と油の重さが違うので、じっくり待てば自然に分離しますが、時間がかかります。そこで短時間で分離したい場合に、回転させて遠心力を使って強制的に分離します。

ふせんマンダラもこれと同じで、**潜在意識の内側に埋もれている「やりたいこと」関連の思考を遠心分離機のように短時間で抽出**します。

ふせんマンダラでは、真ん中にテーマを書いたふせんを貼ります。A4判ノートを使用する場合、一般的な25ミリ×75ミリサイズのふせんを中央に貼ると、ノートを閉じるときに綴じ目をまたいだふせんが折れ曲がります。そこで折れ曲がっても元にもどるように、全面糊ふせんをお勧めします。昔と違って今は、文具店や100均など、どこでも手に入ります。

折れ目が気になる人は、15ミリ×60ミリサイズのふせんを使って、綴じ目からずらして貼りましょう。広いテーブルや壁などを使う場合には、特に制約はありません。

図11 ふせんマンダラ〈イメージ〉

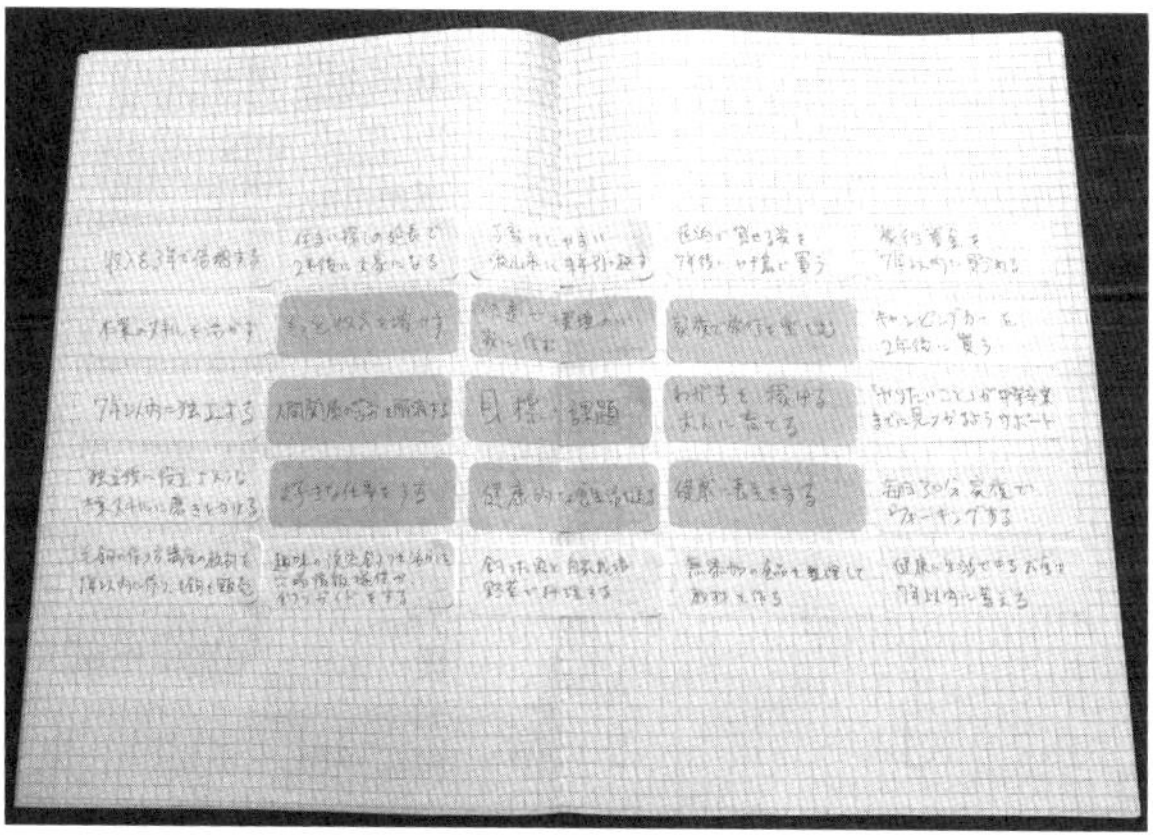

「願望」や「悩み」を「目標」や「課題」に格上げする

「世の中のニーズ」を抽出する際に、ふせんマンダラを使って「願望」や「悩み」を「目標」や「課題」に格上げします。

ふせんに「目標・課題」と書いてノートの真ん中に貼ります。

第1章の練習でふせんに願い事（願望の実現、悩みの解決）を書いています。そこから**優先順位が高い順で8枚選んで、その周囲に貼り替えましょう。**

8枚ない場合には、空いたスペースに白紙のふせんを貼ってください。もし、新たな願い事に気づいたらそこに書きます。実現済みの願い事でも構いません。思い浮かばなければ白紙のままにします。フレームワークでは補足と日付は不要です。

次に、**8枚の周りに新しいふせんを16枚貼ってください。**隣接したふせんや斜《はす》向かいのふせんの願い事をもっと具体化して書きます。具体化するだけで願望の実現は目標に、悩みの解決は課題へと生まれ変わり、実現可能性が高まるからです。数字や固有名詞を使えば具体化できます。

たとえば図12のように、「もっと収入を増やす」の斜め上には、「収入を３年で倍増する」のように数字を入れて具体的に書きます。

「快適で環境のいい家に住む」は、「子育てしやすい流山市に来年引っ越す」のように具体化します。パッと思いついた固有名詞や数字を暫定的に仮置きして、とりあえず具体的に書きましょう。

このとき意識してほしいのは、鳥の目と虫の目の切り替えです。図12の「快適で環境のいい家に住む」を虫の目で見るだけなら、「子育てしやすい流山市に来年引っ越す」のような単純な目標しか生まれません。

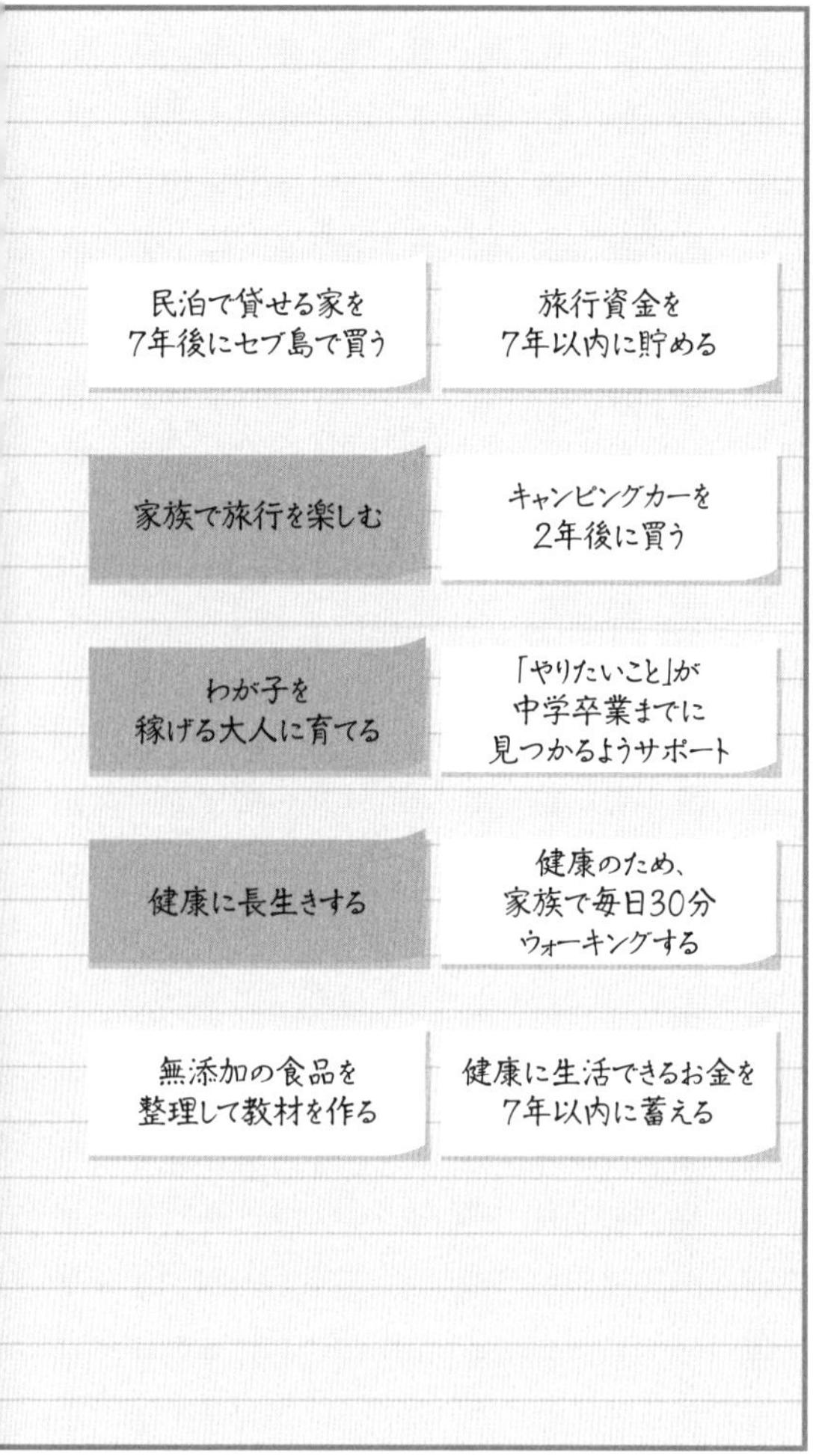
民泊で貸せる家を
7年後にセブ島で買う
旅行資金を
7年以内に貯める
家族で旅行を楽しむ
キャンピングカーを
2年後に買う
わが子を
稼げる大人に育てる
「やりたいこと」が
中学卒業までに
見つかるようサポート
健康に長生きする
健康のため、
家族で毎日30分
ウォーキングする
無添加の食品を
整理して教材を作る
健康に生活できるお金を
7年以内に蓄える

▶目標・課題と書いたふせんの周りの8枚が、練習で書いた「願い事」のふせん。

▶その周りの16枚が、数字や固有名詞を使って、目標や課題に昇格したふせん。

図12 目標・課題のふせんマンダラ

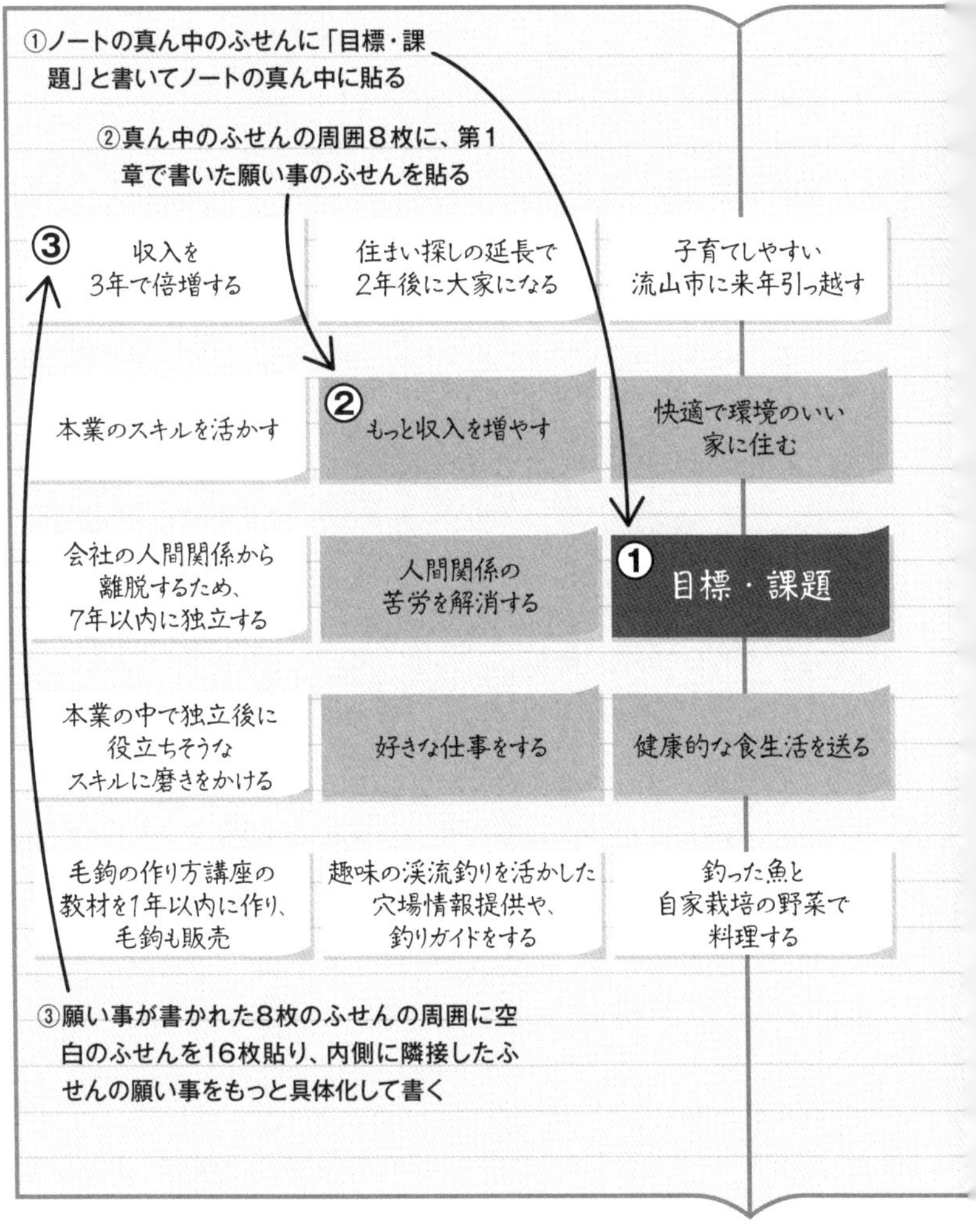
①ノートの真ん中のふせんに「目標・課題」と書いてノートの真ん中に貼る
②真ん中のふせんの周囲8枚に、第1章で書いた願い事のふせんを貼る
③
収入を
3年で倍増する
住まい探しの延長で
2年後に大家になる
子育てしやすい
流山市に来年引っ越す
本業のスキルを活かす
②
もっと収入を増やす
快適で環境のいい
家に住む
会社の人間関係から
離脱するため、
7年以内に独立する
人間関係の
苦労を解消する
①
目標・課題
本業の中で独立後に
役立ちそうな
スキルに磨きをかける
好きな仕事をする
健康的な食生活を送る
毛鉤の作り方講座の
教材を1年以内に作り、
毛鉤も販売
趣味の渓流釣りを活かした
穴場情報提供や、
釣りガイドをする
釣った魚と
自家栽培の野菜で
料理する
③願い事が書かれた8枚のふせんの周囲に空白のふせんを16枚貼り、内側に隣接したふせんの願い事をもっと具体化して書く

ところが「快適で環境のいい家に住む」と、隣の「もっと収入を増やす」とを一緒に鳥の目で眺めると、**「住まい探しの延長で2年後に大家になる」**という混合型の目標が生まれます。

さらに「快適で環境のいい家に住む」「もっと収入を増やす」の2つに、「家族で旅行を楽しむ」を追加して鳥の目で眺めると、**「民泊で貸せる家を7年後にセブ島で買う」**というワクワクするような目標を思いついたりもします。

このように鳥の目で眺めて、複数の願望や悩みを組み合わせるだけで、思いもよらない目標や課題が生まれるので、いろいろな組み合わせを試してください。1枚の願い事に対して考える目標や課題は、1枚でも3枚でも構いません。

もしその過程で、目標を達成する具体的な方法が思い浮かんだら、それも書いて貼ってください。

なお、図12では目標や課題を16枚にとどめていますが、やり始めるとひらめきが次々と浮かんで止まらなくなります。最後は貼り替えるので、どんどん書いて、ノートをはみ出しても気にせず机やテーブルに貼ってください。

また、**「旅行資金を7年以内に貯める」**や**「健康に生活できるお金を7年以内に蓄える」**のように、似た目標が生まれる場合もありますが、気にせずに書いてください。

願望を「誰かのために」役立てる

改めて外周の16枚のふせんを眺めると、ある不思議なことに気づきませんか？

それは、この中の何枚かが**「誰かのために」「世の中のために」のレベルになっている**ということです。


たとえば、**「住まい探しの延長で2年後に大家になる」**は、入居者のための活動です。

「民泊で貸せる家を7年後にセブ島で買う」は、旅行者のための活動になっています。

「毛鉤《けばり》の作り方講座の教材を1年以内に作り、毛鉤も販売」と**「趣味の渓流釣りを活かした穴場情報提供や、釣りガイドをする」**は、釣りマニアのための活動になっています。


このように、**願望を組み合わせることにより、いつの間にか「世の中のニーズ」が生**

成されることがあります。

これら4つ以外のふせんについても、「誰かのために」という目線を付け加えたり、複数のふせんを組み合わせたりすると、次のように生まれ変わります。

- **自分で釣った魚と自家栽培の野菜を料理して、お客さんに提供する**
- **無添加の食品を整理して教材を作り、販売する**
- **キャンピングカーを買って、タイムシェアでレンタルする**
- **本業のスキルを活かして収入を3年で倍増するお手伝いをする**
- **「やりたいこと」が見つかるよう全国の小中学生をサポートをする**

これにより、自分が応える「世の中のニーズ」の候補が9つも見つかりました。さらに9つの候補が書かれたふせんを並べて組み合わせると、もっとユニークな貢献ができることに気づきます。たとえば、「趣味の渓流釣りを活かした穴場情報提供や、釣りガイドをする」と「キャンピングカーを買って、タイムシェアでレンタルする」を組み合わせると、釣りとキャンプをいっぺんに楽しみたいというニーズに応えられます。

あるいは、「釣った魚と自家栽培の野菜を料理して、お客さんに提供する」と「無添加の食品を整理して教材を作り、販売する」を組み合わせると、料理を提供しながら、無添加食品の教材を販売できたりもします。

これらすべてを試してもいいのですが、まずは優先順位をつけましょう。ふせんに番号を振るだけです。興味のある順でも、できそうな順でも、どちらでも構いません。

ここでは仮に次の2つを1番目、2番目としてピックアップしてみましょう。

1．住まい探しの延長で2年後に大家になる
2．本業のスキルを活かして収入を3年で倍増するお手伝いをする

自分の価値観・関心事が最大の動機になる

応える世の中のニーズが見えてきました。応えるのは自分なので、「自分らしさ」がブレないように軸足を固めます。そのために不可欠なのが自分の価値観や関心事です。価値観や関心事を言語化できると、「なぜそのような貢献をするのか」という動機が明確になります。貢献する動機が明確になれば、軸足がブレません。

ノートにはすでに「感動したこと」や「役に立ちそうなこと」が貼られています。そこには、自分の価値観や関心事が書き添えられています。それをそのままふせんマンダラに流用します。手順は次のとおりです。

まず、先ほど選んだ「世の中のニーズ」ふせん2枚を図13のようにA4ノートの真ん中に貼ります。

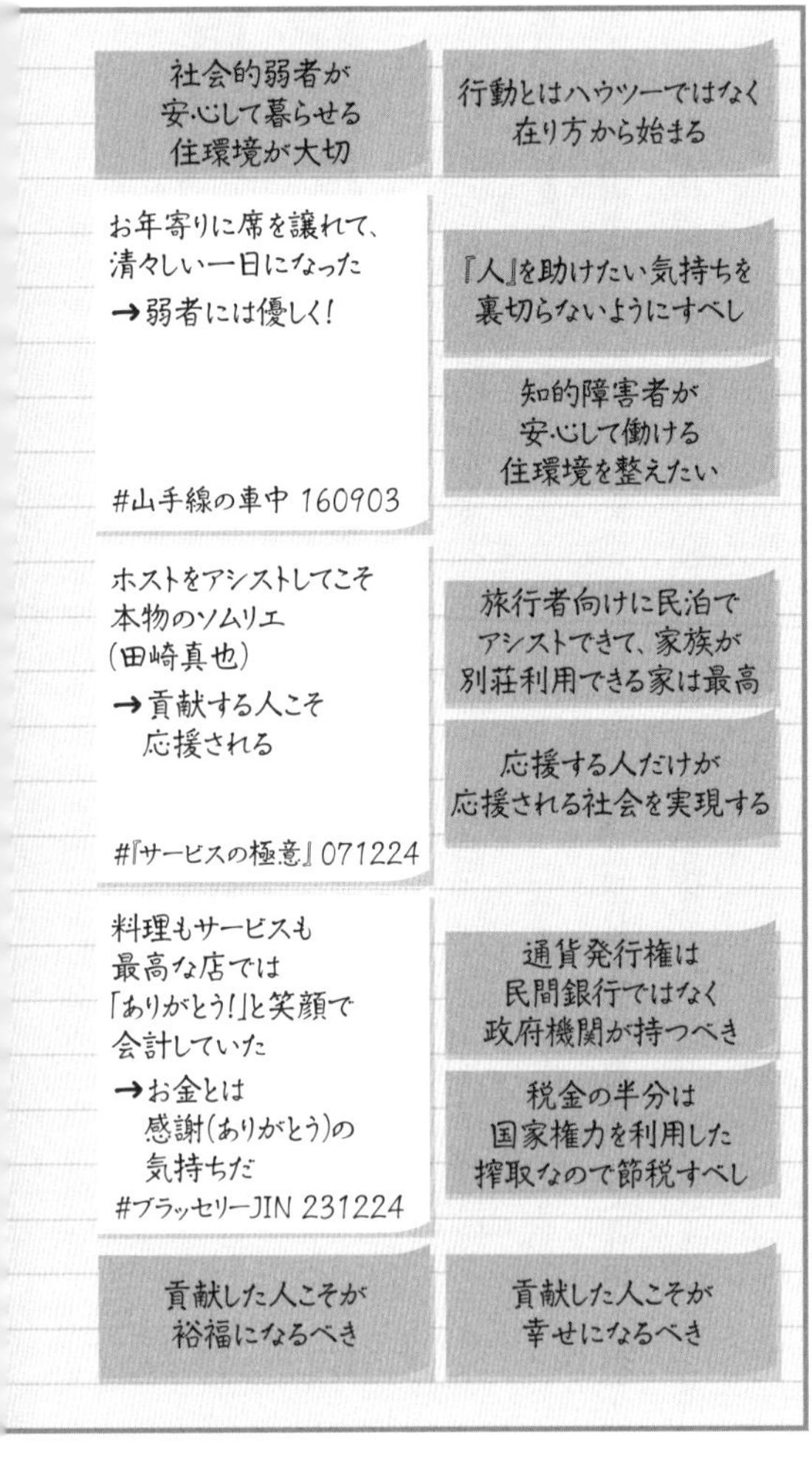
社会的弱者が
安心して暮らせる
住環境が大切
行動とはハウツーではなく
在り方から始まる
お年寄りに席を譲れて、
清々しい一日になった
→弱者には優しく!
#山手線の車中 160903
『人』を助けたい気持ちを
裏切らないようにすべし
知的障害者が
安心して働ける
住環境を整えたい
ホストをアシストしてこそ
本物のソムリエ
(田崎真也)
→貢献する人こそ
応援される
#『サービスの極意』071224
旅行者向けに民泊で
アシストできて、家族が
別荘利用できる家は最高
応援する人だけが
応援される社会を実現する
料理もサービスも
最高な店では
「ありがとう!」と笑顔で
会計していた
→お金とは
感謝(ありがとう)の
気持ちだ
#ブラッセリーJIN 231224
通貨発行権は
民間銀行ではなく
政府機関が持つべき
税金の半分は
国家権力を利用した
搾取なので節税すべし
貢献した人こそが
裕福になるべき
貢献した人こそが
幸せになるべき

- ▶「世の中のニーズ」ふせん2枚を真ん中に貼ります。
- ▶その周りに、「感動したこと」や「役に立ちそうなこと」が書かれたふせんを8枚貼り替えます。中央に貼った「世の中のニーズ」に関係ありそうな価値観や関心事が書かれたふせんを貼り替えてください。
- ▶ふせんマンダラを鳥の目で眺めながら、新たな価値観が思い浮かんだらふせんに書いて外周に追加しましょう。

図13 ふせんマンダラの例

家族を幸せにできて初めて、人様に貢献できる	新婚夫婦が幸せな家庭を築ける住環境をが大切	子育て世帯が安心して暮らせる住環境が大切
家族と仲間を誇りに思い、その成長を応援すべし 不動産会社も銀行も修繕業者も仕事仲間はワンチーム	家庭より大切な仕事はない(Mr.マリック) →家族が一番! 家族を大切にする人を応援すべき #バラエティ番組 170625	引っ越してよかった! →住環境こそが大切 #妻との会話 231025
失敗は成功の母 行動すれば全て社会貢献	本気の失敗には価値がある →つべこべ言わずにやる、やらない言い訳はしない #宇宙兄弟 220512	住まい探しの延長で2年後に大家になる 本業のスキルを活かして収入を3年で倍増するお手伝いをする
再現性が大切 原理原則として言語化することが大切	失敗の共有は社会貢献である →自分の資産形成の失敗体験を世の中のために活かすべき #オリラジ中田 151221	バカとブスこそ、東大に行け!(桜木先生) →子どもの教育は最重要、社会人も学び続けるべし #ドラゴン桜阿部ちゃん 210627
お金のためではなく、喜んでもらうために行動すべし	顧客を踏み台に稼ぐ金融機関の姿勢は間違えている	稼げる大人になる教育が大切

その周りに、「感動したこと」や「役に立ちそうなこと」が書かれたふせんを8枚貼り替えます。選ぶ基準は、書き添えられた価値観や関心事です。

中央に貼った「世の中のニーズ」に関係ありそうな価値観や関心事が書かれたふせんを選んで貼り替えてください。テンプレートに書いた価値観・関心事をふせんに書いて貼っても構いません。

あとはこれまでと同じ手順です。ふせんマンダラを鳥の目で眺めながら、新たな価値観が思い浮かんだらふせんに書いて周りに追加しましょう。

たとえば、「自分の資産形成の失敗体験を世の中のために活かすべき」と「子どもの教育は最重要、社会人も学び続けるべし」という2つの価値観からは、**「稼げる大人になる教育が大切」**という新たな価値観が抽出されます。

「住環境こそが大切」と「家族が一番！　家族を大切にする人を応援すべき」からは、**「子育て世帯が安心して暮らせる住環境が大切」**となります。

私の場合には、「貢献する人こそ応援される」と「お金とは感謝（ありがとう）の気持ちだ」が掛け合わさって、**「貢献した人こそが裕福になるべき」**が生まれました。

価値観なので、「○○という価値観」の「○○」の部分をふせんに書いていきます。

一段落したら、ノートを閉じて潜在意識に丸投げします。すると思考の熟成が進んで新たな価値観や関心事が生成され、潜在意識が言葉にしてくれます。

これ以上思い浮かばなくなったら、「人生の目的＝自分の価値観×世の中のニーズ」という公式に当てはめましょう。すると、**「私の人生の目的は○○という価値観の実現のために、●●というニーズに応えること」**という文章が完成します。

図13の例では、「世の中のニーズ」2つに対して、価値観や関心事が30個あるので、組み合わせは60通りあります。そこで、全体を鳥の目で眺めて、一番しっくり腹落ちできる組み合わせを選んでください。理屈よりも直感を重視してください。たとえば次のような例が作れます。

・「子育て世帯が安心して暮らせる住環境が大切」という価値観の実現のために、「住まい探しの延長で2年後に大家になる」こと

・「貢献した人こそが裕福になるべき」という価値観の実現のために、「本業のスキルを活かして収入を3年で倍増するお手伝いをする」こと

できあがったら、「人生の目的」を75ミリ四方のふせんに書きましょう。

価値観や関心事は何十年もかけて脳裏に染み込んでいます。したがって、ふせんを書き始めてから日が浅い場合には、その一部しか抽出できないかもしれません。

そんなときのために、価値観や関心事を短時間で半強制的に抽出する裏技をご紹介します。ここでもふせんマンダラを使います。

8種類のテーマを用意しましたので、自分の価値観や関心事がたくさん埋もれていそうなテーマを選んで、ふせんマンダラを始めましょう。特になければ1と2のテーマで抽出することをお勧めします。

1. 一番充実した過去の出来事とその理由
2. 一番辛かった過去の出来事とその理由
3. 子どもの頃、若い頃に好きだったこととその理由
4. お葬式で読まれたい弔事の内容とその理由
5. 尊敬する著名人や上司・先輩・身内とその理由
6. 嫌いな著名人や上司・先輩・身内とその理由
7. これだけはやり残したくないこととその理由
8. 人生をリセットできるならやりたいこととその理由

価値観の抽出が終わったら、本節冒頭のふせんマンダラの周囲に貼り替えて、「人生の目的」の言語化を再開します。

図14 価値観や関心事を抽出する裏技

参考例

1．一番充実した過去の出来事とその理由

幼少期に野山で遊んだこと →自然が大好き	幼少期に 科学館・博物館三昧した →知らないことを知ることは楽しい	クラス委員になれた →皆の役にたてることは嬉しい
プラモ作りや 図画工作してるとき →モノ作りはやめられない！	一番充実した 過去の出来事とその理由	仕事で好業績を出せた →仕事に没頭できるのは幸せ
妻と結婚したとき →何事にも 運命の出会いはある	ネットゲームで チームが優勝した →チームワークこそ大切！	会社を辞めて独立した →雇われない働き方は最高

2．一番辛かった過去の出来事とその理由

小学校で いじめの洗礼を受けた →理不尽なことが大嫌い	大学受験失敗で一浪 →実力を発揮 できないのは悔しい	新入社員のとき、 職場に馴染めず →周囲と価値観が違うと辛い
両目を同時に網膜剥離 →目が見えることは幸せだ	一番辛かった 過去の出来事とその理由	家族が重病になったとき →家族はかけがえのない存在
免疫疾患で長らく闘病生活 →健康のありがたさを痛感	ライブドアショックで破産寸前 →妻を悲しませたくない （家族が大切）	会社の経営方針と対立した →お客様を大切にすべき

▼

自分の価値観や関心事は
たくさん埋もれている

部屋の壁や冷蔵庫の扉でふせんマンダラを始める

さて、ついに「人生の目的」を言語化することができました。

とはいえ、ここからがスタートです。なぜなら「人生の目的」に向かって歩き始めると、見える景色がどんどん変化し始めるからです。その結果、新たな世の中のニーズや価値観に気づきます。

それが何を意味するのか。**「やりたいこと」が変化し始める**のです。

あなたが成長し続ける限り、「やりたいこと」もたえず変化し続けます。裏を返すと、最初に見つけた「人生の目的」に向かって「やりたいこと」を始めなければ、何も始まらないということ。**すべては「行動」するか否かにかかっている**のです。

行動し続けるための秘策は、ふせんを日常生活に取り入れることです。

第3章ではフレームワークという「型」に沿って話しましたが、ガチガチに考える必要はありません。気軽に楽しむ感覚でやれば、長続きします。

フレームワークを活かせる場所はノートだけではありません。机やテーブルでも冷蔵庫の扉でもいいし、リビングやトイレの壁でもいいのです。

気楽に、日常に直結したテーマを決めて、そのテーマに合った場所にペタッと貼って、ふせんマンダラを始めてみてはいかがでしょうか。

見た目や形にはこだわらず、のびのびと楽しみながら、ワクワクする思考、面白いアイデア、やりたいことなどをひねり出していきましょう。家族も一緒に巻き込むと、楽しいですよ。

第4章

ふせんで見つかった「やりたいこと」でお金を稼ぐ

「やりたいこと」の真の正体とは？

自分の「人生の目的」が書かれたふせんを手にとってください。そこには実現したい価値観や関心事と、世の中のニーズが書かれています。

「人生の目的」とは「やりたいこと」をやり続けることで、この2つは表裏一体でした。それゆえ、もしかしたら「人生の目的」として、「やりたいこと」が書かれているかもしれません。

もし書かれていなくても大丈夫です。「やりたいこと」とは、「人生の目的」の実現手段なので、すぐに見つかります。

まず最初に、「やりたいこと」をもっと具体的な言葉に言い替えておきましょう。結論からお伝えすると、図15右上の**「稼げるライフワーク」**です。

私たちヒトは、生命維持に必要な食べる・寝る・休むとき以外は、必ず図15の５種類のいずれかの活動をしています。

このうち、労働集約型ビジネス、ハイリスクビジネス、超高難度のビジネスは、原則として対象外になります。図16にある45種類のビジネスがそれにあたります。

５種類の活動の中で一番メジャーなのが労働集約型ビジネスです。やらされ仕事と人間関係の苦痛がワンセットになっているので、普通は心底「やりたいこと」ではありません。

ハイリスクビジネスは文字通り危険なの

図15　ヒトが行なう５種類の活動

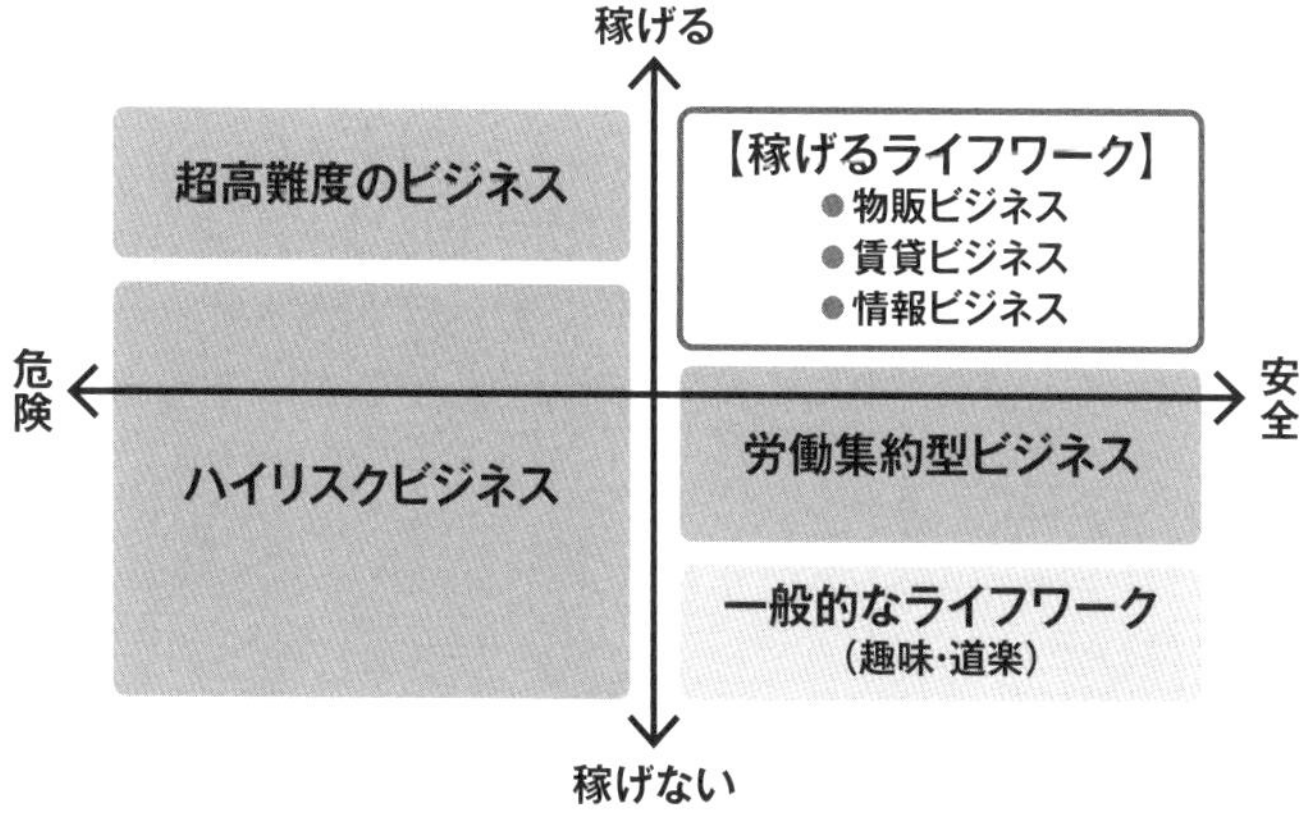

図16 対象外のビジネス一覧

□超高難度のビジネス	□ハイリスクビジネス	□労働集約型ビジネス
□ベンチャーの創業	□ネットワークビジネス	□清掃員
□スタートアップの創業	□株式運用	□警備員
□ラーメン屋など飲食店経営（シェアレストランを除く）	□コモディティ取引	□駐輪場の整理員
□難関資格が必要な士業（資格取得済みの場合を除く）	□先物取引・オプション取引	□ファストフード店のレジ係
□プロスポーツ選手	□信用取引	□スーパー・コンビニのレジ係
□プロ棋士	□FX	□ホールスタッフ
	□デイトレード	□夜の飲食店や風俗のアルバイト
	□仮想通貨取引	□新聞配達員
	□パチプロ（遊戯する側）	□郵便配達員・宅配配達員
	□競馬プロ（馬券を買う側）	□ウーバーイーツなどの配達員
	□競艇プロ（舟券を買う側）	□ヘルパー
	□競輪プロ（車券を買う側）	□タクシードライバー
	□宝くじ（くじを買う側）	□引っ越しスタッフ
	□違法な賭け事	□建築作業員
	□詐欺などの犯罪ビジネス	□土木作業員
	□当たり屋	□左官作業員
	□職業煽動家	□工事現場作業員
	□貧困ビジネス	□データ入力作業
	□麻薬・覚醒剤・武器売買	□その他、雇われる仕事
	□臓器売買・人身売買	

※著者の主観であり、具体的に取り組む内容と個別事情によって該当しない場合があります
※あくまでも例であり、すべてを網羅しているわけではありません

で、ギャンブラーは別として、多くの人にとっては、「やりたいこと」ではありません。超高難度のビジネスも失敗するリスクが高いので、やり直しがきく若い人はまだしも、それ以外の人にとっては、「やりたいこと」にはなりません。

収入がなくても大丈夫な資産家なら、図15の右下の一般的なライフワークに没頭できます。一生続ける趣味や道楽、創作活動など「自分自身が楽しむ活動」のことです。でも普通は収入が必要なので、稼げるライフワーク一択になります。**稼げるライフワークは、「誰かのために」「世の中のために」の視点が必要**です。

ライフワークなのに稼げるのは、相手に貢献し、感謝の気持ちのお金を受け取るからです。

稼げるライフワークには「物販ビジネス」「賃貸ビジネス」「情報ビジネス」の３つのカテゴリがあります。「やりたいこと」は、図17「稼げるライフワークのビジネス一覧」にあげた65種類のビジネスの中に候補があります。

そこで「人生の目的」を書いたふせんを図17の周囲に貼って、鳥の目で俯瞰します。

次に、各ビジネスとふせんを虫の目で見比べてください。どう考えても違和感しか残らないビジネスには、横線を引いて消去してください。

残ったもののうち、気になるビジネスの□に✓（チェックマーク）を付けます。それが、自分にとって稼げるライフワークであり、「やりたいこと」の候補です。

「子育て世帯が安心して暮らせる住環境が大切という価値観の実現のために、住まい探しの延長で2年後に大家になる」であれば、**「新築アパート賃貸」「中古戸建て賃貸」**などにチェックが入り、賃貸ビジネスのカテゴリが候補となります。

「貢献した人こそが裕福になるべきという価値観の実現のために、本業のスキルを活かして収入を3年で倍増するお手伝いをする」であれば、**「スポットコンサル」「アドバイザー」「講師」「コンテンツホルダー」**など、情報ビジネスのカテゴリが候補です。

こうして、選んだビジネスが一番多かったビジネスカテゴリを、「やりたいこと」と

図17 稼げるライフワークのビジネス一覧

カテゴリ／ランク	□物販ビジネス	□賃貸ビジネス	□情報ビジネス
入門編 ※すでに持っているモノやスキルを流用するのでお金がかからない	□ネットフリマ □ネットオークション □青空フリマ	□物品のシェア □マイカーやバイクのシェア □自宅駐車スペースのシェア □自宅シェア（民泊など） □別宅や元実家などのシェア □物置のシェア	□スポットコンサル □スポットビジネス代行 □スキルシェア □インストラクター □ガイド
初級編 ※読書必要レベル	□コレクター □ハンドメイド □せどり	□中古戸建て賃貸 □中古ワンルーム賃貸 □月極駐車場	□コンサルタント □ビジネス代行 □コーチングのコーチ □アドバイザー □カウンセラー □顧客紹介
中級編 ※セミナー受講レベル	□独占輸入販売	□中古アパート賃貸	□講師 □コンテンツホルダー □編集者 □ディレクター
上級編 ※中級編の後に挑戦	□製造販売	□新築アパート賃貸	□プロデューサー □マーケター
特殊編 ※難易度とは無関係	□育種家 □農業など □製造業 □実演販売	□グループホーム経営 □コインパーキング □トランクルーム □コンテナ賃貸 □貸倉庫 □商業物件賃貸 □海外不動産投資 □簡易宿所	□コピーライター □クリエイター □カスタマーサポート □インスタグラマー □有料ブロガー □著者 □グーグルアドセンス □アフィリエイター □デザイナー □プログラマー □ミュージシャン・作曲家 □芸能人 □占い師・手品師 □動画撮影 □ドローン操縦士 □ユーチューバー □コミュニティー主宰者

※難易度は著者の主観です。具体的に取り組む内容や、得手不得手によって個人差があります
※あくまでも例であり、完璧に網羅しているわけではありません

して人生の目的に埋め込むと、次のような文章ができあがります。

「私の人生の目的は、○○という価値観の実現のために、■■ビジネスを通じて、●●というニーズに応えること」

追加した■■には、「物販」か「賃貸」か「情報」のいずれかのカテゴリが入ります。

あとは、お金と時間を失わない安全な図17にある入門編を試してみること。この世界の景色は、実際に行動して初めて見えることのほうが圧倒的に多いので、まずは行動あるのみです。

入門編のあとはベイビーステップで初級編へと進み、中級編へとレベルアップします。

「やりたいこと」が見つかると「雇われる働き方」とは無縁になる

私の場合、「やりたいこと」のカテゴリは「情報ビジネス」でした。

ビジネスとしては、「講師」「コンテンツホルダー」「著者」「コミュニティー主宰者」の4つにチェックマークが入ります。

具体的にはお金のソムリエセミナーというコンテンツを作り、著者として情報発信し、お金のソムリエ倶楽部というコミュニティーを主宰しています。

したがって、これをやり続けることが、私の「人生の目的」です。なぜなら、そうすることが一番、「家族を裕福に幸せにしたい」と願う世の中のニーズに応えられて、「貢献した人こそが裕福になるべき」という私の価値観を実現できるからです。思う存分に自己実現できますし、やりがいも感じられます。

しかもニーズに応えた結果、感謝の気持ちとしてのお金もいただけます。それゆえ私は、銀行員時代からずっと、プライベートではこの「やりたいこと」ばっかりやってきました。

没頭し始めると、仕事をしている感覚が薄れていきます。好きでやっている「やりたいこと」ですから、当然です。

それでいて大勢の人に喜ばれる。気づいたときには、数十万人の読者さんが私の著書を読んでくださり、実生活で活かしてくださっています。ご夫婦を中心に6000名以上がセミナーに参加されて、参加者の皆さんの人生のパラダイム・シフトを起こし続けています。

何よりも嬉しいのは、お金のソムリエという価値観に共鳴いただけていること。共通言語ができあがっているので、お互いに応援しやすくなるのです。楽しみながらやっているのに、大勢の役に立てているのですから、その嬉しさはひとしおです。

自分の価値観に合った「やりたいこと」が見つかると、このようにワクワク感がとまりません。価値観が似た仲間も増え続けるので、これほど幸せなことはありません。とにかく充実して楽しいので、執筆やコンテンツ作りはやめられません。生涯を閉じるその日までずっと続けているような気がします。

ご存じかもしれませんが、相次ぐ法改正により、生まれ年が１９７０年代なら70歳前後まで、１９８０年以降なら75歳前後まで年金をもらえないことが既成事実化されつつあります。

それでいて会社には、65歳以降の再雇用義務がありません。無収入となる5年ないし10年は、自力で乗り切るしかないのです。

でも、そんな未来は恐れるに足りません。なぜなら、**稼げるライフワークさえあれば、「雇われる働き方」とは一切無縁になる**からです。稼げるライフワークが稼いでくれるので、お金の心配がなくなります。おまけに、ストレスだらけの「人間関係」や「やらされ仕事」とも無縁になります。

稼げるライフワークは心底「やりたいこと」なので、毎日が充実します。ずっと社会とつながり続けるので、「孤独」とも無縁です。しかも稼げるライフワーク自体が「生きがい」なので、精神的にも肉体的にも健康と若さを保てるような気がしています。

若いときや現役サラリーマン時代だけではなく、その先のシニアになってからもずっと、人生を豊かにしてくれるのです。

「やりたいこと」と「お金」は切っても切れない

漠然と探していた「やりたいこと」は、稼げるライフワークという形で、お金とつながっています。意外かもしれませんが、**「やりたいこと」は「お金」とは切っても切れません**。お金とは感謝の気持ちだからです。そして、「人生の目的」は誰かに貢献して、喜んでもらうことだからです。

ちなみに、1万円札の原価が約20円であることをご存じですか。

冷静に考えると、原価20円で印刷された1万円札という紙切れに、1万円の価値があるわけがありません。それよりも、そこに反映されている「感謝の気持ち」にこそ1万円の価値があると考えるほうが、自然です。

お金を使うときのことを想像してみてください。パートナーの誕生日に、フレンチのお店でお祝いするため、1万円のコース料理を頼んだとしましょう。

もし、店員さんのサービスが最悪なうえに、料理の質が悪くて、パートナーがご機嫌斜めになってしまったとしたら、「お金返して！」となりませんか。そのときのあなたは、お店に対して感謝はしません。

反対に、料理の質も店員さんのサービスも最高で、パートナーが大喜びして、感謝と尊敬の眼差しをあなたに向けたとしたら、どうでしょうか。あなたはお店に感謝して、「ありがとう！」と言いながら笑顔でお会計しますよね。


当たり前なので意識しませんが、感謝できればお金を支払うし、感謝できないことにはお金を支払いたくない。しつこいですが、お金とは感謝の気持ちだからでしたね。


そして、「人生の目的」とは、社会貢献を通じた自己実現でした。「貢献」とは世の中のニーズに応えることです。

あなたが誰かの悩みを解決し、願望の実現をアシストすれば、相手は喜んであなたに感謝します。それゆえ、貢献を続ければ、あなたは感謝されて、結果的にお金をもらえるわけです。

もちろん感謝の気持ちの表れは、お金だけではありません。「感謝の言葉」「感謝の態度」「フォロワー数」「いいねの数」「尊敬」「信頼」「信用」「人望」「名声」などいろいろな形で表現されます。

誰かに貢献すると、相手の「感謝の気持ち」が「お金」や「信用」などに姿を変えて、ブーメランのように戻ってくる。だからこそ、「やりたいこと」と「お金」とは、切っても切れないのです。

環境とは自分で引き寄せるもの

「やりたいこと」はお金と切っても切れませんが、価値観にも大きく左右されます。その価値観は、家族をはじめ、先生や友達、通った学校、住む地域、職場、生まれた国や地域、歴史的な背景、読んだ本など、自分を取り巻く環境の影響を大きく受けます。

でも、人生は「親ガチャ」「会社ガチャ」「上司ガチャ」「配属ガチャ」など無数のガチャから成り立っているので、自分で自分の環境を選ぶのは難しい。ということは、自分の自由意志で価値観を選べないのでしょうか。

いいえ、そんなことはありません。驚くほど簡単に、自分で選べる環境・価値観があります。それが以前にもお伝えした「読書」です。

どの本を読むかは個人の自由です。お金がなくても図書館に行けば読めます。つまり、**どんな環境だろうとも、自分次第で自分にふさわしい価値観を引き寄せられる**のです。

動物は、子孫や後世に伝えたいことを遺伝子で残します。でもヒトは、価値観や思考を通じて残します。そうやって、将来の人類に対してさえ、貢献し続けることができる。それが思想・哲学・理論・科学・文学・芸術・文化・伝統です。

そして、それらが包み込んでいる価値観を、私たちヒトは読書を通じて好きなだけ獲得できます。だからこそヒトは、自分の価値観に責任を持てる。そのために学び続けるのです。

「やりたいこと」をし続けることで、その価値観を実現できます。しかも、本から得られるのは価値観だけではありません。

岸見一郎・古賀史健著『嫌われる勇気』に、こんな一節があります。

まずは、「ここから先は自分の課題ではない」という境界線を知りましょう。そして他者の課題は切り捨てる。それが人生の荷物を軽くし、人生をシンプルなものにする第一歩です。

ロルフ・ドベリ著『News Diet』には、伝説的な投資家、ウォーレン・バフェットに関するこんな一節があります。

バフェットはこんな人生訓を持っている。「自分の能力の輪を知り、そのなかにとどまること。輪の大きさはそれほど大事ではない。大事なのは輪の境界がどこにあるかをきちんと把握することだ」。

「他者の課題」も、「能力の輪」も、「ガチャ」のことを指しています。要は、どれがガチャで、どれがガチャでないのかを見極めなさいと言っているわけです。

では、どうやって見極めるのか。

まずは**「無知」と「思い込み」から脱すること**です。

そのための読書です。読書ほど簡単で、コストパフォーマンスとタイムパフォーマンスに優れた方法はありません。

うれしいことに、ふせんに慣れると、読書も楽になります。なぜなら、ふせんが貼られたノートをパラパラめくるうちに、鳥の目で眺める思考が身に付くからです。

ページをめくるたびに、潜在意識に直接飛び込んでくるので、概略が何となくわかります。速読を学ぶまでもなく、潜在意識に丸投げできてしまうのです。

大切な箇所があれば、潜在意識が教えてくれるので、そのときだけ思考レンズを虫の目に切り替えて、一字一句を咀嚼《そしゃく》します。

ヒトは無知で思い込みの塊だからこそ、読書が不可欠です。


「はじめに」で、書いて貼って並べ替えるだけでミッションの9割達成するとお伝えしました。実は残りの1割が読書です。なぜなら、書いて貼って並べ替える「思考」が間違った情報や知識に基づいていては、間違った答えしか出てこないからです。ふせんの威力は計り知れないので、間違った情報からトンチンカンな「やりたいこと」が生まれては困ります。

ですから、「書いて貼って並べ替える」9割と、残り1割の読書を続けましょう。そのうえで第5章のストーリーを完成させられれば、完璧です。

第5章

ふせんで自分の人生が思い通りになる

ふせんを使えば未来は思いのまま

自分が応える「世の中のニーズ」、動機となる「価値観」、手段である「やりたいこと」がそろいました。これらを言葉にしたあなたは今、自分の人生史上で最強です。主人公は自分ですので、残るは「誰に」「いつ」「どこで」。すべてそろうと、自分だけのオリジナルのストーリーが完成します。

「誰に」とは、「世の中のニーズ」の相手のことです。世間やお客様という抽象的な表現を、もっと具体化します。

「やりたいこと」を通じて貢献する相手は誰でしょうか。個人でしょうか。個人であれば、ライフスタイル、年齢や性別、家族構成や住まいをイメージできますか。これらをできるだけ具体的にイメージします。

「いつ」とは、いつまでに始めるのか、そのための準備をいつからスタートするのかを明確にすること。そして、1年後にはどうなっているのか、10年先はどうなっているのかもイメージします。

「どこで」とは、それをどこでやるのかを決めること。会社か自宅か、国内か海外か、あるいはオンライン上かを考えます。

これらをすべて、ふせんに書いて言語化しましょう。

たとえば、「子育て世帯が安心して暮らせる住環境が大切」という価値観の実現のために、「住まい探しの延長で2年以内に大家業を始める」場合の一例をあげると、次のようになります。

「共働きの子育て夫婦向けに、2年以内に大家業を始める。そのために、今すぐ大家業の勉強を始める。場所は、今住んでいる千葉県。このような貢献を続ける結果、5年後には家賃が給料を上回る」

こうしてイメージしたストーリーは、「未来予想図」をデッサンした「ラフ絵」になります。ラフ絵があれば、実現可能性が高まります。

ラフ絵どおりの「人生設計図」を作ることができれば、さらに確度が高まります。これは、マイホームを建てるときと同じです。

家を建てる前に「完成予想図」のラフ絵を描いて、設計図を作ります。設計図を作る際には、その土地の地盤や気候などをしっかり調査・確認して、地震や風水害に耐えられるように設計します。

家の場合は、ミスなく設計したうえで、手抜き工事をせずに十分な強度の材料で建てれば、必ず理想の家が完成します。それゆえに、建築士さんと相談しながら設計し、大工さんの力を借りて建築しますよね。

人生の設計図を作り、「やりたいこと」に取り組む場合も同じです。自分の人生はマイホーム以上に大切ですので、しっかり作り込みましょう。

昔の失敗は成功のもと

ふせんを使って未来の成功ストーリーを作ると、昔の失敗が成功に置き換えられます。それにより、自己肯定感が生まれて自信がつきます。価値観にも裏付けられて、自分自身の人生に一貫性が生まれるのです。

過去とは終わったことなので、すでに消えてなくなっています。残っているのは痕跡だけ。現在は過去の影響を受けますが、**未来を作るのは過去そのものではなく、現在の自分自身の「考え」**なのです。

未来だけではありません。過去を作るのも、今の自分の「考え」です。起きた事実がどうであれ、解釈次第でどうにでもなるからです。

最先端の量子物理学の研究では、ヒトの意識の介在によりエネルギーが粒子になること（観察者効果）と、粒子が時間を逆行すること（反物質）が証明されています。しかも、未来が過去に影響を与えるという不思議な実験結果まで出ています。

凡人の私には、過去が未来の影響を受けるという量子物理学の理屈はわかりません。でも、歴史をひもとくと、わからなくもない。歴史とは必ずしも事実ではないからです。歴史とは、事実を都合よく解釈して意味づけした認識にすぎません。公開された機密文書と照らし合わせるだけでも、私たちが知っている歴史とは事実ではなく、権威や権力のある第三者が脚色したフィクションというケースもあります。

歴史でさえ都合よく脚色されるのですから、自分自身の過去を自分に都合よく解釈したところで、バチがあたるわけがありません。

自分自身を見る目を変えるだけなら簡単です。世の中を変えられなくても、自分の未来は自分でコントロールできるのですから、それだけでも奇跡です。

そもそも、過去の失敗とは、現在が過去よりもよくなっているから失敗に見えるだけにすぎません。

そう考えると、過去の失敗という教訓があるから、未来がよくなることに気づけます。**「失敗は成功のもと」**なのです。

現在・過去・未来がワンセットとなって、人生の成功という全体最適を描き出していることを、私はいつも実感します。**人生の成功とは、過去の失敗という土台の上に成り立っている**のです。

そうであるなら、過去の出来事を都合よく解釈して、自分の未来を都合よくコントロールすればいい。それゆえライブドアショックで破産しかけた私は、「ホリエモンよ、ライブドアショックを引き起こしてくれてありがとう！」と、自分を納得させることにしました。

ふせんを使った思考で未来の成功ストーリーを作ると、昔の失敗が成功につながるのです。副次的効果として、自己肯定感を取り戻せるのです。

愚痴と悩みは ふせんに書いて捨てる

昔の失敗を都合よく置き換えると、精神的にもラクになります。後悔は心にとって毒なので、デトックスされることは、心と体の健康にプラスです。

ヒトの体には動脈と静脈があり、酸素を吸って二酸化炭素を吐き、口から食べて不要なモノを排泄します。

思考も同じで、必要なモノを脳に取り込む一方で、不要なモノは排泄します。たとえばストレスホルモンが過度に分泌されると、認知症リスクや死亡率が高まります。そうならないように、ストレスのもとになる思考の毒を排泄するのです。

排泄された思考の毒の1つが「愚痴」です。

愚痴をぶちまけるのは、相手に向かって排泄物や毒を撒き散らすのと同じ。ぶちまけた本人はスッキリしますが、くらった相手はたまりません。

だからといって愚痴を我慢しては、毒を溜め込むことになるので、よくありません。

では、どうすればいいのか。答えは、**ふせんに排泄する**。つまり、ふせんに書くことです。このときのふせんは、心のトイレになります。書いたふせんはゴミ箱に捨てましょう。トイレで用を済ませた後、水で流すのと同じです。

そのうえで、それをプラスに活かします。愚痴が出るということは、何か問題が起きた証拠。**起きた問題をポジティブに考えれば、それは「課題」になります**。早めに課題に気づけてラッキーですね。

愚痴には必ず原因があります。今度はその原因をふせんに書きましょう。サラリーマンなら、愚痴の大半は「人間関係」や「やらされ仕事」から生まれた「悩み」に起因しているのではないでしょうか。

そこで、数字や固有名詞を使って、「悩み」を具体的な「課題」に格上げすればいいのです。やり方は第３章で学びました。「課題」に格上げすれば、ふせんを使った思考ですべて解決します。

潜在意識は自分と他人を区別できません。それゆえ、誰かを批判すると相手だけでなく自分にもストレスがかかり、ストレスホルモンが分泌されて健康を害します。

逆も同じで、誰かを褒めれば相手の脳内でドーパミンが分泌されますが、褒めた自分の脳内でもドーパミンが分泌されます。

そこで、**日頃からマイナス面ではなくプラス面に着目しましょう**。相手のいい点を探して相手を褒めるのです。SNSやブログでもいい点を発信する。Yahoo!や楽天、Amazonなどの商品レビューやショップ評価も、ひたすらいい点に着目します。

「情けは人のためならず」といいますが、褒めるも人のためならず。自分のためにもなるのです。「隗《かい》より始めよ」の格言通り、身近な人のいいところ探しから始めてみてはいかがでしょうか。

心のモヤモヤは、ふせんに書いてスッキリさせる

何となく頭や心が「モヤモヤ感」で覆われることはありませんか。

モヤモヤして気分が晴れない場合、仕事や勉強がはかどりませんし、往々にして何をやってもうまくいきません。

散歩やストレッチなどをして、気分転換やストレス発散をはかる方法が一般的です。しかし、気分転換やストレス発散をしても、なぜか解消しないときがあります。そんなときは、潜在意識の内側で、何かが言語化を待っている可能性があります。

もし言語化せずに放置すると「モヤモヤ感」が膨らみ、思考の妨げになります。「モヤモヤ感」はストレスの原因にもなりますから、精神衛生上もよくありません。

そこで些細なことでもなんでもいいので、思いついたことをふせんに書きましょう。

ふせんは心を映す手鏡になります。もしかしたら、心に刺さっている小さな棘が見つかるかもしれません。些細なことであっても、気になることは放置せずに対処したほうがスッキリします。

書いたうえで、改めたほうがいいと思ったら、そのふせんに四角いマーク□をつけて、その解消をタスクにしましょう。そうやって、タスクを1つずつ消していけば、「モヤモヤ感」は消えていきます。

タスク化するまでもないくだらないことだとわかれば、「モヤモヤ感」と一緒にゴミ箱に捨て去りましょう。

ふせんは、脳裏の雑念やゴミ情報などが吹き溜まって生まれた「モヤモヤ感」を除去する掃除機の役割を果たします。脳内の雑念を除去すると、頭の中がスカッとして思考がクリアになるので、定期的に「モヤモヤ感」を言葉にしてふせんに書きましょう。

「やりたいこと」を邪魔する4つの障害を乗り越える

「やりたいこと」が見つかっても、最初の一歩を踏み出せない人が大勢います。その人が怠け者だから、ではありません。やり方がわからなかったり、何か障害があって、その乗り越え方がわからないからです。

「時間がない」「お金がない」「自信がない」「家族の理解が得られない」の４つが代表的な障害です。

「時間がない」人は、本から時間の捻出法を学びましょう。あとは、無駄な浪費を削減する。スマホ時間を減らせばスマホ脳も防げて一石二鳥です。ときにはお金で時間を買います。成功者は皆、お金より時間を大事にした行動をとっています。

「お金がない」人は家計を見直しましょう。お金をコントロールする術を本から学び、節約して種銭をつくります。種銭で、163ページにある稼げるライフワークの入門編や初級編のビジネスで、収入を増やしてみましょう。節税できれば、お金のコントロールができるようになるでしょう。

「自信がない」人こそ、ふせんを使いこなしてください。毎日1枚以上ふせんを書いて、ノート1冊を埋めることを目標に。ふせんがあなたの背中を押してくれるはず。あとは、同じ夢や目標を持つ人が集うコミュニティーに参加して、一緒に取り組む仲間を見つけることです。

「家族の理解が得られない」人は、自分のことはいったん脇において、家族の「やりたいこと」を応援しましょう。心から応援すれば、いつかきっと同じように応援してくれるはず。リビングなどにこの本をさりげなくおいて、家族に読んでもらうのもいいですね。

迷ったときは、ふせんを使って現状を変える選択をする

「やりたいこと」が明確になって、障害を取り除いても、準備に時間をかけてしまい、ついついスタートを先延ばしにする人がいます。

たとえば「やりたいこと」を本業で実現することが難しく、稼げるライフワークを始めないと次に進めないことがわかったとします。でも、ヒトには心理的ホメオスタシスが備わっているので、なかなか現状を変えられないのです。

ですから**最後は、判断するのではなく、決断するしかありません。**決断すれば、前に進みます。

ここでもふせんを活用します。

まずは心の中で、「稼げるライフワークを試してみる」という現状を変える選択をし

てください。

続けて、稼げるライフワークがうまくいった未来をリアルに感じながら妄想してください。それを数字や固有名詞を使って具体的に言葉にして、ふせんに書いてください。本当にすべて手に入れたと信じられるくらい、未来の様子を具体的に書いて、しばらく寝かせます。

これにより潜在意識は、稼げるライフワークが成功した妄想を現状だと認識し始めます。すると、**決断力の弱い人でも必ず、一歩ずつ着実に前へ進める**ようになります。

潜在意識の「7つの習性」を使いこなせ

私たちは、潜在意識に直接立ち入ることはできませんが、ふせんを使えば、間接的にコントロールできます。その際に、潜在意識の習性を知っておくと、コントロールがスムーズになります。

これまでお伝えした内容ですが、ふせんを書くときに、次の点を忘れずに。

1. 複数の情報処理を同時にこなせるので、とことんふせんに書きまくる

2. 具体的な情報ほど見つけるのが得意なので、数字や固有名詞で具体化する

3. 現実と妄想（仮想）とを区別できないので、リアルに妄想する

4. 過去・現在・未来を区別できないので、「したい」とは書かず「する」と書く

5. 否定形を理解できないので、肯定形の表現にする

6. 他人と自分とを区別できないので、愚痴は書いて捨て、いい点を褒める

7. 現状を維持しようとするので、変化したいときはとにかく言語化する

前節で心理的ホメオスタシスについて触れましたが、それが7の「現状を維持しようとする」習性です。今現在生きているということは、過去を踏襲すれば問題なく生きられるのだと、潜在意識は解釈します。それゆえ、現状を変えようとすると抵抗をするのです。そこで、**ふせんを使って妄想を言語化し、現状を錯覚させる**というわけです。

潜在意識の7つの習性を上手に活用すれば、潜在意識のコントロールは可能です。そのために最適な道具こそがふせんです。

ふせんさえ使いこなせれば、自分の人生は思い通りになります。本書は「やりたいこと」を見つけることを目的にしていますが、ふせんは、それ以外のあらゆることにも応用できます。

まずは、**「やりたいこと」が見つかるまで、ふせんを書き続けてください。**「やりたいこと」が見つかったあとは、本書をふせんの効能と使い方のバイブルとして、引き続きご家族でご活用ください。

ふせんはこれまで、大勢の大人たちの人生を変えてきましたが、効果があるのは大人だけではありません。「やりたいこと」を見つけるタイミングは、若ければ若いほどいいに決まっているからです。

もし、10歳のときに見つけられたとしたら、社会人になるまでの約10年間を準備期間に充てられます。人生の中で一番パワフルで、心身ともに成長著しい貴重な時期を「やりたいこと」の準備のために充てられるのです。それにより、社会人になってからすぐに「本当の自分の人生」を歩めるのですから、最高ですよね。

ご自身に当てはめて考えてみてください。もし10歳でふせんの使い方を学んで、「やりたいこと」を見つけられていたとしたら、社会人になるまでの約10年間をどのように過ごしたと思いますか。

それにより、自分の人生は今頃、どんなふうになっていたと思いますか。

その場合、今までと同じような人生を歩んだと思いますか。

きっと、違ったことでしょう。

そこで、「やりたいこと」が見つかる小中学生向けプログラムを作ってみました。ついでに、全国の小学校にボランティアで無料の出前授業ができるように、子ども向けのお金教育のプログラムも作ってみました。

そうしたら、やはり思った通りになったのです。プログラム通りに実践した子どもたちの成長ぶりが、とにかくすさまじかった。本人たちはケロッとしていますが、ご両親と先生と私に、感動と未来への希望をもたらしたのです。

終章

仕事と趣味からでも「やりたいこと」が見つかる

「自分のため」を「誰かのため」にずらす

世界一簡単な方法を使って「世の中のニーズ」を見つけ、それをもとに「やりたいこと」を導き出しました。大切な価値観や関心事が言語化されていたので、見つけやすかったはずです。

とはいえ、「願望」や「悩み」を「目標」や「課題」に格上げする際に、思うように具体化できない場合もあります。

そこで終章では、精度を高めた抽出法をご案内します。第3章の目標や課題に格上げする方法で見つけられた人は、ザッと流し読みするだけで構いません。

精度を高めた抽出法とは、**仕事や趣味の「ずらし」**です。「世の中のニーズ」に応える場合、すべてに共通していることがあります。それは、「自分のため」という目線を「誰かのため」という目線に引き上げて、「世間やお客様」のために直接役立てる点です。

そこで、**仕事や趣味を、「自分のため」から「誰かのため」に「ずらし」ます**。「小欲を捨て大欲に立つ」という仏教の教えがあります。小欲（自分のために）から大欲（誰かのために）へと視点を高めていけば、「世の中のニーズ」に応えられるのです。

仕事では、経験した仕事・特技・スキルを「ずらし」ます。専業主婦（主夫）なら家事や育児、学生なら勉強や部活などを、仕事のずらしに当てはめてみてください。

サラリーマンが仕事をする目的は「給料をもらうため」なので、動機としては「自分のため」ですよね。そこで、今までに経験した仕事や特技を「世間やお客様」のためにずらして、直接役立てます。

3年以上携わっていれば、その道のプロフェッショナルです。仕事として取り組んで、給料をもらってきたのですから、「世の中のニーズ」に応えるスキルを必ず持っています。

趣味では、趣味・嗜好・道楽の「ずらし」です。

趣味も自分自身の人生を豊かにするためにあるので「自分のため」です。そこで、趣味などで得た知識やスキルも、「世間やお客様」のために直接役立てます。

自分では普通だと思っていても、初心者から見ると雲の上の存在だったりします。そんな人も「世の中のニーズ」に応えられます。

両方一緒にやるほうが精度は高まりますが、どちらか1つだけでも構いません。

サラリーマンであれば仕事のずらしを優先します。趣味の経験年数のほうが長くて詳しい場合には、趣味のずらしを優先しましょう。

「やりたいこと」は意外なほどに仕事と絡んでいる

「仕事のずらし」をすると、今までに経験した仕事や特技などを活かせます。仕事以外にも、家事や育児、勉強や部活などのスキルも活かせます。

3年以上携われればプロフェッショナルなので、スキルはお客様に貢献して感謝していただけるレベルに達しています。ほとんどの社会人は、自分の職務を当たり前のようにこなしますが、実はそれ、すごいスキルだって、ご存じでしたか。

たとえば銀行員にとって、融資は当たり前のスキルです。融資スキルがあるということは、借り入れスキルがあるということ。ですから、大家業なんてお茶の子さいさいです。ところが銀行員時代の同僚の多くは、それに気づいていませんでした。

今までやってきた仕事も同じです。**会社や業界では当たり前でも、世の中の多勢から見れば超お宝スキルであることが多い**と思ってください。これらはすべて、世の中の二ーズを満たせます。

そこで、ふせんマンダラを使って、今まで経験した仕事の中からスキルを抽出してみましょう。やり方はこれまでと同じです。ふせんに**「経験した仕事・スキル」**と書いて中央に貼ります。周りの8枚には自分が経験した職務内容を書きます。さらにその周りに16枚貼って、隣接した内側のふせんに書かれた職務に活かしたスキル・知識を書いてください。

図18の例では、紙面の都合で1枚に複数書きましたが、実際は1枚に1つ書きます。16枚埋まったら、さらに外周に貼って、ノートからはみ出しても構いません。

その際、会社から与えられた職務と、実際にやっている仕事の間にはズレがあることを認識してください。

私の場合、会社から与えられた職務は法人融資でした。しかし実際にやっていた仕事は取引先への「コンサルティング」と「部下の育成・指導・人事管理」の2本立てでした。サラリーマンが独立する際に一番多いのは、コンサルティングと営業代行ですが、合点がいきます。

また、使えるスキルは、担当した職務に直結したものとは限りません。むしろ、直結しないスキルのほうが多いかもしれません。

プレゼンのやり方、稟議書や報告書の書き方、パソコンスキル、手帳術やノート術、社外人脈や社内人脈の活用法、キャリア形成術、部下の育成術など、ビジネスの基礎スキルや知識はすべて使えます。

そこで一度、視点を変えてみましょう。これまでは会社の指示に従い、会社のために働いてきました。「世の中のニーズ」に応えるのは会社でした。自分はその一部を分担して間接的に「世の中のニーズ」に応えていただけかもしれません。

でも、棚卸しをしてみると、いろいろなことに気づけます。社内の他の部署に異動するほうが、自分の強みを活かせることに気づくかもしれません。

あるいは、もっと自分に合った転職先が見つかるかもしれません。それこそ、今の職務こそが最高の天職だと気づき、一気にモチベーションがあがるかもしれません。

そこでこの機会に、どんな「世の中のニーズ」に応えられるのかという視点で、スキルの棚卸しをしてみましょう。

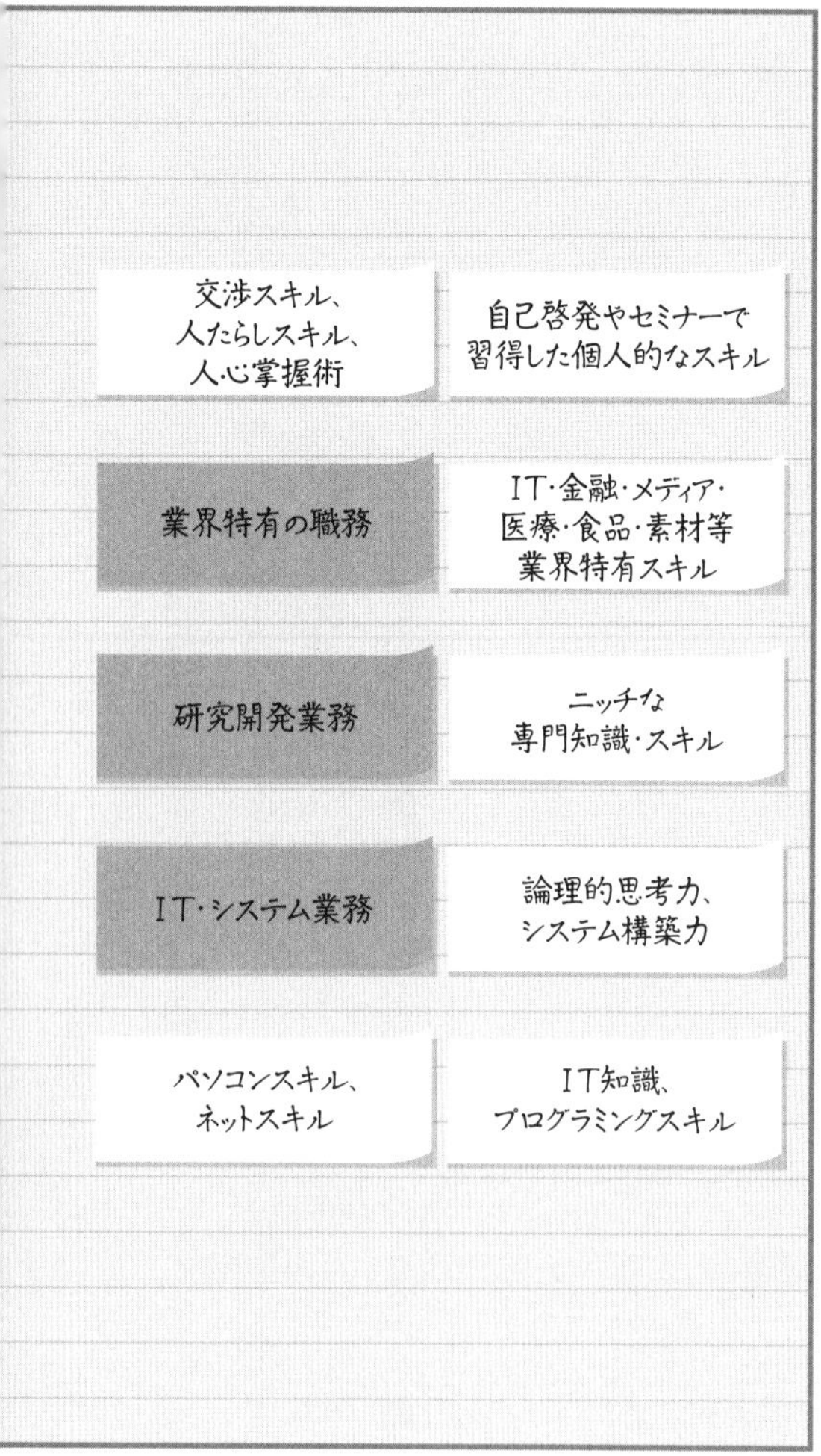

▶内側の８枚は、経験した業務・職務。

▶その周りに16枚のふせんを貼り、経験した業務・職務から習得したり活かしたりしたスキルを、隣接したふせんや斜向かいのふせんに記入してください。事例ではスペースの都合で１枚のふせんに複数のスキルを書いていますが、実際に書くときには１枚１スキルにしてください。書ききれない場合には、さらに外側にふせんを貼って書いてください。

図18 ふせんマンダラの例（仕事のずらし）

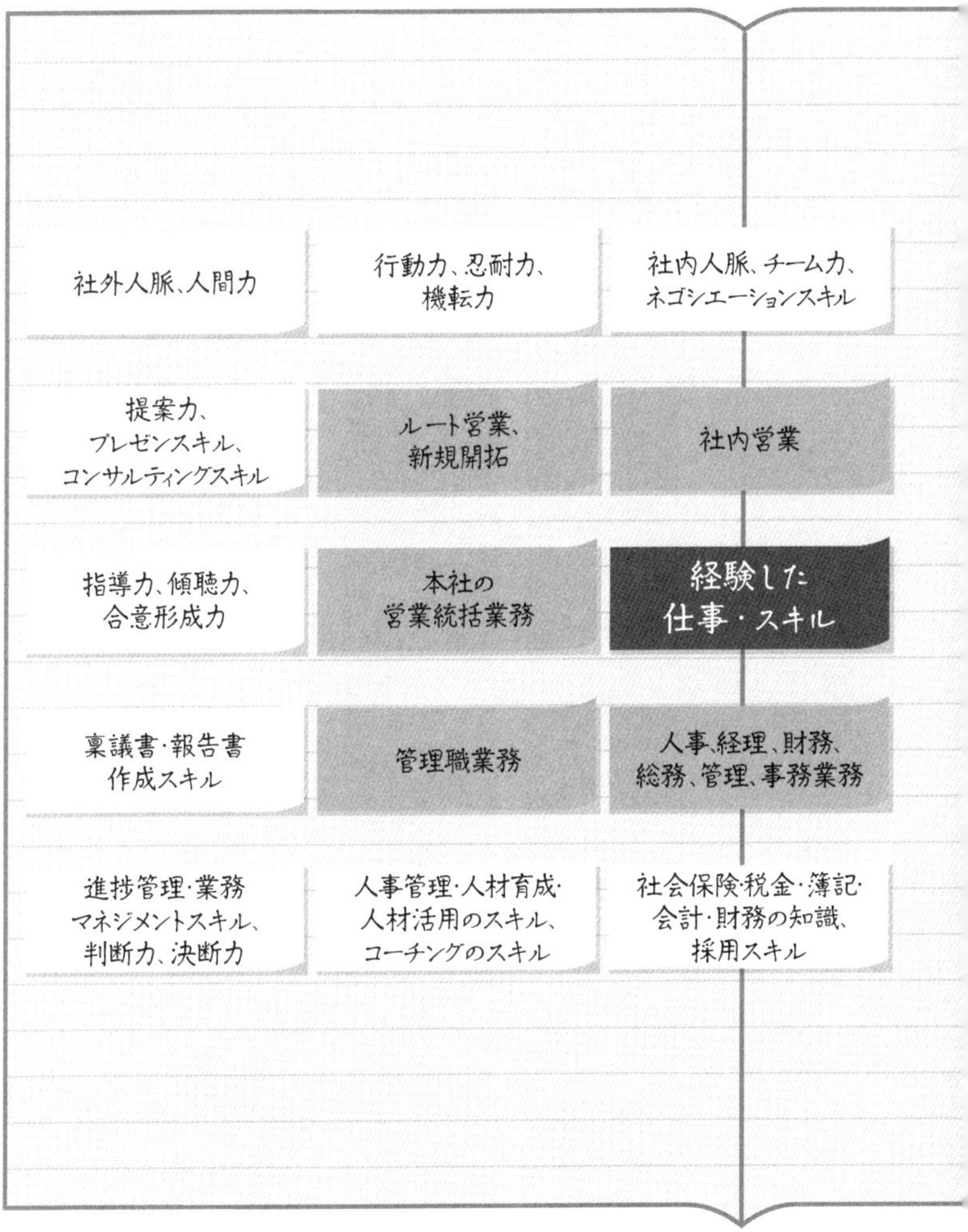
社外人脈、人間力
行動力、忍耐力、
機転力
社内人脈、チーム力、
ネゴシエーションスキル
提案力、
プレゼンスキル、
コンサルティングスキル
ルート営業、
新規開拓
社内営業
指導力、傾聴力、
合意形成力
本社の
営業統括業務
経験した
仕事・スキル
稟議書・報告書
作成スキル
管理職業務
人事、経理、財務、
総務、管理、事務業務
進捗管理・業務
マネジメントスキル、
判断力、決断力
人事管理・人材育成・
人材活用のスキル、
コーチングのスキル
社会保険・税金・簿記・
会計・財務の知識、
採用スキル

「やりたいこと」は趣味からも生まれる

「趣味のずらし」も同じです。**「趣味・嗜好・道楽」**と書いてふせんマンダラを始めます。周囲の8枚のふせんには、これまでにハマったことや好きだったことを書き出します。さらにその周りにも16枚貼って、「仕事のずらし」のときと同じやり方で、8枚の活動に活かしてきたスキルを書き出します。

その際、鳥の目で全体を眺めながら、複数の趣味や好きなことから共通して浮かび上がるスキルなども探してみましょう。

まわりからよく「すごいね！　よくできるね！」と言われることも書きましょう。先ほどと同様、図19の例では、スペースの都合で1枚に複数のスキルを書きましたが、本番では1枚につき1つ書きます。16枚で足りなければノートからはみ出して構いません。

一段落したら、ノートを閉じて思考を熟成させます。

最後に仕事と趣味のスキルが書かれたふせんを、「目標・課題」のふせんマンダラの外周の16枚のふせんと見比べてみましょう。

たとえば図18や図19の例を図12の例と照らし合わせると、「本業のスキルを活かす」際に、「社外人脈、人間力、人たらしスキル、人心掌握術」「提案力、プレゼンスキル、コンサルティングスキル」をはじめとして、かなり豊富な仕事のスキルを活かせることに気づきます。

あるいは、「自分で釣った魚と自家栽培の野菜を料理する」際に、「公衆衛生・食品管理の知識」「輸入・保存スキル、料理とのマリアージュ知識」などの趣味のスキルを活かせることにも気づきます。

ここまで補強材料のスキルが明確になると、応えられる「世の中のニーズ」がくっきり浮かび上がります。

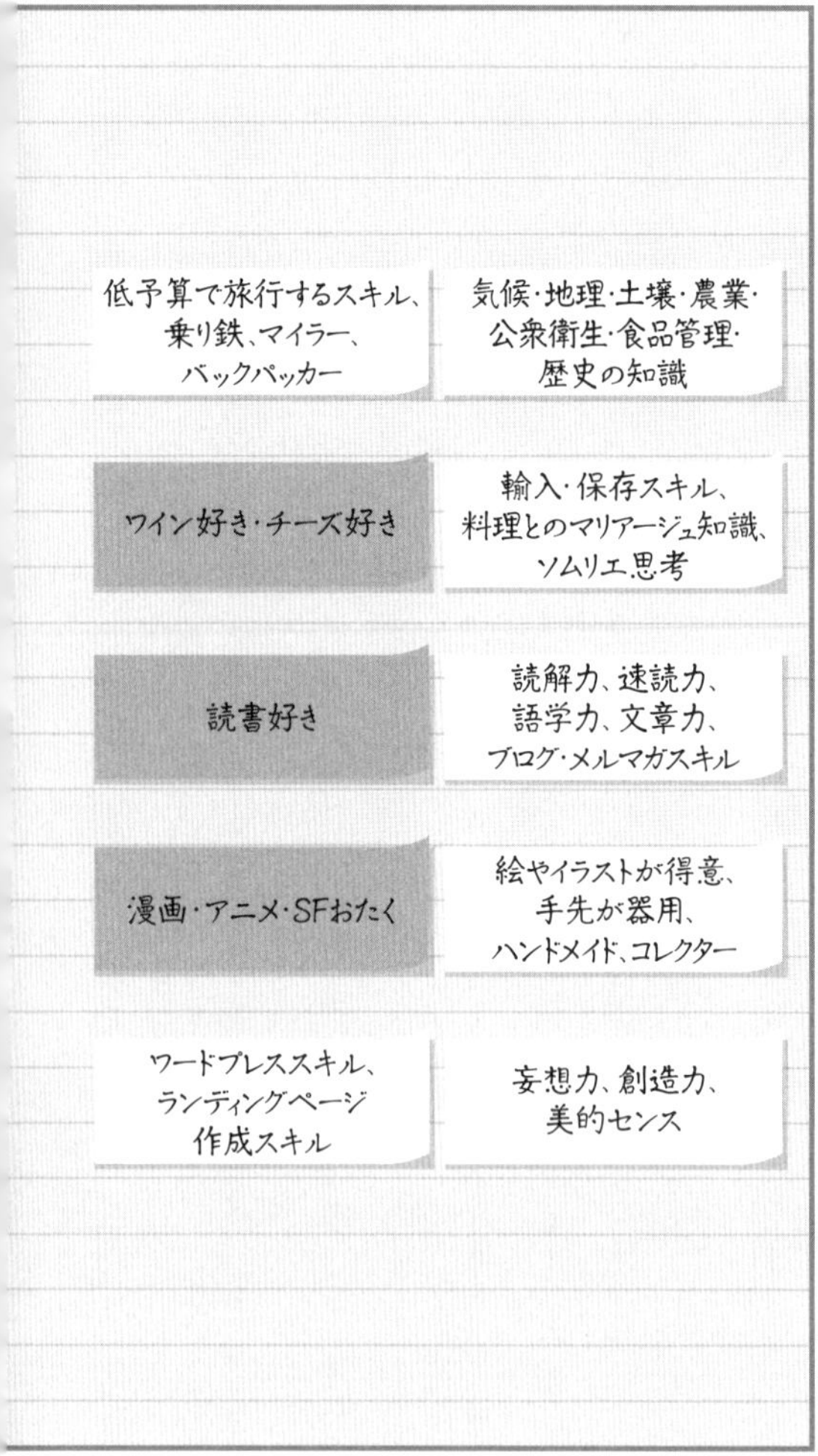

▶内側の８枚は、自分の趣味・嗜好・道楽。

▶その周りにも16枚のふせんを貼り、趣味・嗜好・道楽から習得したり活かしたりしたスキルを、隣接したふせんや斜向かいのふせんに記入してください。事例ではスペースの都合で１枚のふせんに複数のスキルを書いていますが、実際に書くときには１枚１スキルにしてください。書ききれない場合には、さらに外側にふせんを貼って書いてください。

図19 ふせんマンダラの例（趣味のずらし）

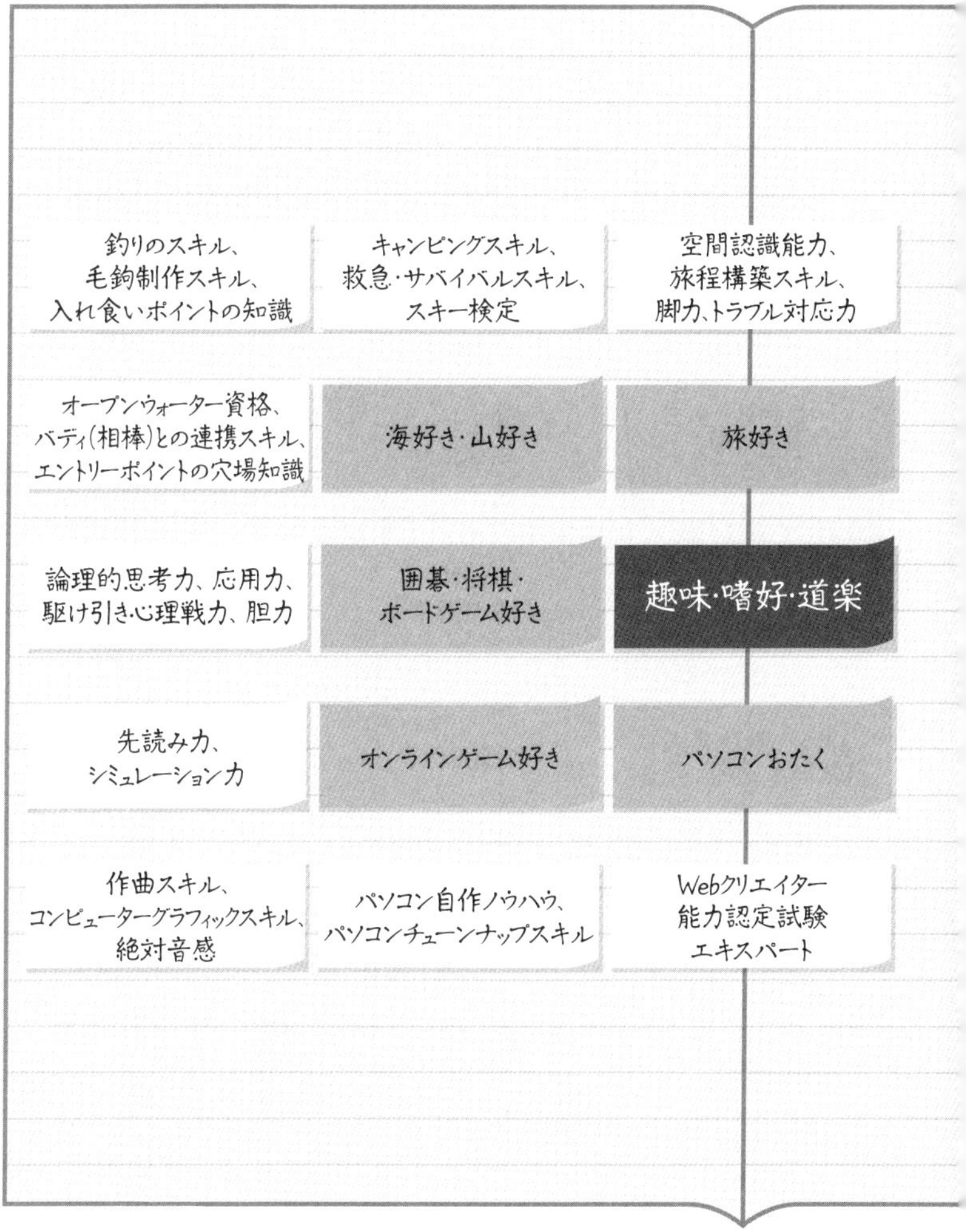

これにて、まずは一通り、解説が終わりました。**「やりたいこと」が見つかったら、まずは何かやってみましょう。**

するとふせんが、面白いくらい増え始めます。なぜなら、**今まで気づかなかった価値観や関心事に気づき始める**からです。成長している証ですので、喜ばしい限りです。

それにあわせて、「やりたいこと」も更新し続けましょう。少なくとも年に一度、年末年始あたりに見直すことをお勧めします。

ふせんを使った思考に慣れると、ふせんがないときでもメリハリある思考ができるようになります。珠算の上級者は脳内でそろばんを弾いて暗算しますが、それと似ています。ふせんにどんどん書いて、次の高みを目指してはいかがでしょうか。

おわりに

強力な接着剤を作るつもりが、弱いけど何度でもくっつく接着剤ができあがり、5年の歳月を経て1974年にふせんのアイデアが生まれ、1980年に製品化されました。ふせんは失敗から生まれたのです。「神ふせん」も同じような韻を踏んでいて、ブロックメモで思考が散乱するという失敗から生まれました。

その後、私はライブドア・ショックで破産しかけましたが、節税しながら資産形成する妻社長メソッドで立ち直ります。その原動力となったのが、ふせんです。

「やりたいこと」を見つけられたのも、お互いに応援しあえるお金のソムリエ協会の仲間ができたのも、ふせんのおかげです。

なかでも、仲間の存在が大きい。5周年を迎えた今年、新たに5名の認定講師が誕生。「やりたいこと」を見つけて夢をかなえる仲間を見るたびに、ふせんの底力を実感します。

私が安心してコンテンツづくりに専念できるのも仲間のおかげです。微力ですが、これからも黒子として、ふせんのようなアシスト役に徹してまいります。

次はあなたの番です。1日1枚ふせんに書けば、「やりたいこと」は必ず見つかります。その際に鍵を握るのが、そばにいる大切な人です。

そこで、本書を読み終えたら大切な人にもやり方を教えて、ふせんを書いてもらいましょう。共通言語が生まれるので、意思疎通がスムーズになります。「やりたいこと」に突き進むあなたを、きっと理解してくれます。それだけで、家庭も仕事も人生も好転するはずです。

特に家族は運命共同体なので、ベクトルがそろうだけで快適になる。夫婦で始めれば、おたがいの価値観や「やりたいこと」を理解でき、二人三脚で協力しあえます。「やりたいこと」が見つかるだけでなく、夫婦円満にも役立つのです。

いるならお子さんも巻き込みましょう。子どものうちに「やりたいこと」を見つけたら、未来の可能性は無限大。ふせんで勉強もはかどるので、「やりたいこと」がきっと実現します。

せっかくなので、見つけた「やりたいこと」や「人生の目的」をブログやSNSなどで宣言してみませんか。宣言した手前、やらないわけにはいかないので、さらに実現しやすくなりますよ。もしかしたら応援団が現れるかもしれません。

その際〝#神ふせん〟とハッシュタグをつけてください。私も必ずやあなたを見つけてフォローし、声援を送らせていただきます！

銀行員時代に『いますぐ妻を社長にしなさい』で著者デビューし、セミナーを始めてから間もなく10年になります。ここまで続けてこられたのも、読者さんと協会の仲間のおかげです。

前著『40代からは「稼ぎ口」を2つにしなさい』も、体験談などを寄せてくださった仲間のおかげでベストセラーの末席に加えていただけました。今回も、いのようこさん、上原理恵子さん、神村尚さん、神村楽々さん、永瀬史弥さんらの取材協力のおかげで、無事完成に至りました。お礼を申しあげるとともに、さらなるご活躍を心より祈念しています。

「お金を通して家族の幸せを実現する」という理念に共鳴してくださり、受講生とコミュニティーメンバーをアシストし続けてくださる認定講師や協会員の皆さんにも、改めてお礼申し上げます。

最後に、『夫婦1年目のお金の教科書』と前著に続いて、本書を世に送りだしてくださったダイヤモンド社の武井康一郎さん。やりとりしたメッセージと会話の量は、妻の次に多かったかもしれません。普段は恥ずかしさが勝ってしまい、面と向かってはお礼を申し上げられませんでしたので、この場を借りてお礼申し上げます。

2023年10月

坂下　仁

参考文献

- 『死ぬ瞬間の5つの後悔』ブロニー・ウェア著、仁木めぐみ訳、新潮社
- 『脳を最適化すれば能力は2倍になる』樺沢紫苑著、文響社
- 『嫌われる勇気』岸見一郎、古賀史健著、ダイヤモンド社
- 『アルフレッド・アドラー 人生に革命が起きる100の言葉』小倉広著、ダイヤモンド社
- 『宇宙兄弟』小山宙哉著、講談社
- 『サービスの極意』田崎真也著、新潮社
- 『ONE PIECE』尾田栄一郎著、集英社
- 『SLAM DUNK』井上雄彦著、集英社
- 『ゴミ人間』西野亮廣著、KADOKAWA
- 『冨永愛 美の法則』冨永愛著、ダイヤモンド社
- 『99%はバイアス』ひろゆき著、ダイヤモンド社
- 『キングダム』原泰久著、集英社
- 『エマニュエル・トッドの思考地図』エマニュエル・トッド著、大野舞訳、筑摩書房
- 『News Diet』ロルフ・ドベリ著、安原実津訳、サンマーク出版
- 『思考が物質に変わる時』ドーソン・チャーチ著、島津公美訳、工藤玄恵監修、ダイヤモンド社
- 『ひとりビジネスの教科書 自宅起業のススメ』佐藤伝著、学研プラス

［著者］

坂下仁（さかした・じん）

お金のソムリエ協会会長。メガバンク行員として25年以上、個人の資産形成と数千件の法人融資などにかかわり、全国の支店長を指導してきた。副業で始めたセミナーは100組超のキャンセル待ちが続き、3年間で1000組超が受講する人気セミナーとなる。その後、顧客を踏み台にして儲ける銀行の姿に疑問を感じて起業、独立し、2018年にお金のソムリエ協会を設立。本業以上の副収入を得て、セミリタイアする会員が続出するなど、メソッドを学んだ人数は6000人を超える。
お金のソムリエ協会で最初に学ぶ「夢実現メソッド」は、ふせんを使った思考整理術。その起源は銀行員時代。個人情報の法整備が進み、情報を持ち歩けなくなったため、書いては簡単に捨てられるふせんを駆使して、思考を整理する方法を編み出す。やがて、ビジネスパーソン向けに『１冊の「ふせんノート」で人生は、はかどる』（フォレスト出版）を出版。「週刊ダイヤモンド」「The21」「日経WOMAN」ほか、多数のメディアで紹介される。人生の設計図を作る「夢実現メソッド」用にオリジナルのふせんを開発し、これまで使用したふせんは10万枚以上。クローゼットには常に10万枚備蓄するほど。本作は、「やりたいことが見つかる」「人生の目標が見つかる」「副業が見つかる」「収入が増える」「人生をやり直す」人が続出する「夢実現メソッド」の書籍化。主な著書に『新版 いますぐ妻を社長にしなさい』（フォレスト出版）、『夫婦1年目のお金の教科書』『40代からは「稼ぎ口」を２つにしなさい』（以上、ダイヤモンド社）などがある。

〈坂下仁公式サイト〉https://moneysommelier.com/

やりたいことが絶対見つかる神ふせん

2023年10月31日　第１刷発行
2024年12月４日　第２刷発行

著　者――坂下仁
発行所――ダイヤモンド社
〒150-8409　東京都渋谷区神宮前6-12-17
https://www.diamond.co.jp/
電話／03･5778･7233（編集）　03･5778･7240（販売）

装丁――――井上新八
本文デザイン―大谷昌稔
製作進行――ダイヤモンド・グラフィック社
印刷――――勇進印刷
製本――――ブックアート
編集担当――武井康一郎

ISBN 978-4-478-11878-8
落丁・乱丁本はお手数ですが小社営業局宛にお送りください。送料小社負担にてお取替えいたします。但し、古書店で購入されたものについてはお取替えできません。